易淑蓉 徐兴富 著

引爆组织潜能

清华大学出版社
北 京

内 容 简 介

本书以移动互联网时代为背景构建企业管理理念。该理念包括“四力”：以事业为主线的牵引力，以平台型组织和联盟型员工为基座的承载力，以激励性薪酬和牵引式绩效为基础的推动力，以游戏化管理和赋能式培训为辅助的激发力。

本书集理论、案例与实战经验于一体，“四力”一脉相承而又自成体系，每一“力”都具有可以应用于实践的方法论。“四力”管理理念对于想要激发员工动力、激活组织潜能的企业具有借鉴意义，企业家或者企业高层管理者可以按照书中提供的方法论并结合企业的具体情况灵活加以运用。

本书适合营销人员、人力资源管理者、企业管理者阅读。

图书在版编目(CIP)数据

引爆组织潜能 / 易淑蓉，徐兴富著. —北京：清华大学出版社，2022.1
ISBN 978-7-302-59548-9

Ⅰ. ①引… Ⅱ. ①易… ②徐… Ⅲ. ①企业管理—组织管理 Ⅳ. ①F272.9

中国版本图书馆 CIP 数据核字(2021)第 231350 号

责任编辑： 施 猛
封面设计： 朱传军
版式设计： 孔祥峰
责任校对： 马遥遥
责任印制： 曹婉颖

出版发行： 清华大学出版社
网 址：http://www.tup.com.cn，http://www.wqbook.com
地 址：北京清华大学学研大厦 A 座 邮 编：100084
社 总 机：010-62770175 邮 购：010-62786544
投稿与读者服务：010-62776969，c-service@tup.tsinghua.edu.cn
质 量 反 馈：010-62772015，zhiliang@tup.tsinghua.edu.cn
印 装 者： 三河市天利华印刷装订有限公司
经 销： 全国新华书店
开 本： 180mm×250mm 印 张：10.75 字 数：215 千字
版 次： 2022 年 1 月第 1 版 印 次：2022 年 1 月第 1 次印刷
定 价： 48.00 元

产品编号：094219-01

前言
PREFACE

打造活力十足的企业

当今时代，新的事物、新的科技、新的可能性层出不穷，从传统互联网时代到移动互联网时代，从移动互联网时代到物联网时代，人工智能已经成为不可逆转的趋势。虽然，对于人工智能能否超越人类智能还存在巨大的争议，但一个基本的共识是，在可预见的未来，机械性的、可重复的体力劳动都会被机器取代，而人的直觉、创造力、洞察力和对客户的感知力是机器无法替代的。在人工智能时代，企业该如何聚集各类人才，并且让他们在组织里充分发挥创造力，快速地感知客户的需求，愉快地创造相应的产品和服务，在为企业创造价值的同时实现自我价值，实现发展企业和成就自我的双赢，是管理者面临的巨大挑战。

本书中，笔者结合十多年的企业管理经验以及多年来对动力机制的研究，分七章介绍打造活力型企业的方法。

第一章　宏大的事业

企业要有大情怀与大目标，这样才能吸引优秀的人才。伏羲教民结绳为网，以佃以渔；后稷教民稼穑，树艺五谷。他们帮助先民开启了全新的生活方式，得到了人民的拥护。所以，想成就大事业，一定要有大情怀，一定要胸怀天下，惠及万民，以推动整个社会进步为己任。比如，TED(美国一家非营利机构)的口号是“传播值得传播的思想”；谷歌的使命是“整合全球信息，使人人皆可使用并从中受益”。大目标一定要融入家国情怀、工匠精神，这样才能营造一种社群效应，从而形成约翰·哈格尔和约翰·布朗所说的“拉动力”。在这种“拉动力”的牵引下，企业才能超越单一的对商业利益的追求，才能开创全新的事业，从而吸引并塑造出一批投入该事业的人才。

第二章　平台型组织

进入移动互联网时代，传统的金字塔型组织已明显不能满足“用户至上，速度制胜，数据为王”的需求，也不能满足用户细分的需求。时代的发展倒逼企业组织形式由传统的金字塔型向平台型转变。平台型组织能够充分利用数据技术，是一种将大公司专业资源集聚的规模优势和小公司敏捷应变的灵活优势结合起来的开放型组织模式。为了同时实现资源规模聚集和柔性应变，平台型组织以平台治理中枢、中台资源洼地和前台业务先锋(或创业体)为基本架构，这三层架构自成体系又互相关联，对内实现分工协作，对外实现合作共赢。这样的组织模式打破了金字塔型组织的层级界限与分工界限，提高了组织内部的沟通效率，释放了员工的潜能，从而充分激活组织效能。

第三章　激励性薪酬

虽说物质激励具有边际效应递减的特点，但是物质可以满足员工生活所需，可以让员工心无旁骛地工作。任正非说过，典型的华为人都不是人才，钱给多了，不是人才也变成了人才。任正非强调了薪酬对于人才激励的重要性。所以，如何恰到好处地激发员工的干劲，是这一章需要阐述的问题。移动互联网时代的薪酬体系应该是以企业战略为基础，以员工过去、现在、将来的贡献为依据，融合分权、分名、分利的动态化的分配体系。因为以企业战略为基础，就确定了薪酬的基调与方向，就不会过于冒进或者过于保守；以员工过去、现在、将来的贡献为依据，就打破了平均主义，兼顾了历史、现在和将来，可以更加客观地进行价值判断，保证公平性与科学性，进而激励大家勇于进取；融合分权、分名、分利于一体，就保证了薪酬结构的多样性。而动态化强调的是薪酬体系的灵活性。薪酬体系并不是一成不变的，需要根据国家政策、市场变化、企业的支付能力及员工工作状态与贡献进行综合评估和适当调整。

第四章　牵引式绩效

目标管理对于企业来说非常重要。德鲁克认为“目标管理”是“能充分发挥个人能力和责任感，同时树立共同的愿景和努力方向，建立团队合作精神，协调个人和共同目标的和谐一致的管理原则”。这种“目标管理”更强调目标，对目标达成的结果没有明确要求。OKR(objectives and key results，目标与关键成果法)则将目标与关键成果相结合，在强调高远目标的同时，又要求脚踏实地达成与目标对应的关键成果。OKR除了强调自上而下制定的目标之外，也强调员工自下而上的能动性。相比于“目标管理”，OKR更强调过程管理，将执行周期从一年调整到季度，并要求以周和月为周期检查目标完成的进度；更强调公开透明，除了公司的商业机密之外，上下级以及部门间的目标与完成进度应充分共享。在OKR模式下，当员工愿意跳出自己的舒适圈为自己设定高远目标时，当员工能够感受到企业的信任和体会到企业资源共享的平等氛围时，当员工在实现目标的过程中能得到密集的正向反馈时，员工的身心一定是愉悦的，其工作状态一定是饱满的。所以，这样的企业一定是充满活力的、能接受无限挑战的。

第五章　游戏化管理

随着“00后”陆续进入社会，“90后”已经成为“老员工”。“90后”“00后”接受过高等教育，成长于更加富足的家庭环境，工作不再是谋生的手段而是自身价值的体现，他们不惧权威，追求平等，拒绝平庸，追求创意，讨厌古板，追求有趣。面对这样一群员工，企业必须抛弃之前自上而下、中规中矩的管理方式，而要营造一种平等自由、丰富有趣的企业氛围。游戏化管理正好契合这一要求。在尊重员工个性的基础上，企业可以用游戏的方式来营造工作氛围、设计工作流程，将游戏中好玩的元素、激励机制、规则、反馈体系移植到工作情景中，将以前枯燥刻板的工作变成一场闯关升级的游戏，将以前自上而下的工作任务分配演变成角色任务的主动认领，将以前严肃有余活泼不足的工作面谈演变成一目了然的积分排行或者勋章认证。游戏化管理的实施简化了前台的管理，但加大了后台设计的难度，对管理者的管理理念和管理水平提出了更高的要求。游戏化管理要求管理者必须充分理解工作内容和工作性质，并且熟悉游戏化的特点与方式。

第六章　赋能式培训

时代在变化，社会在发展，如果人不能通过学习不断成长，就只能被时代淘汰。企业能否为员工提供充分的学习机会和充足的成长空间是优秀人才择业时的重要考量因素。所以，对企业来说，为员工提供培训机会并助其成长是双赢的举措。可对于一些中小企业来说，往往做了培训，看不到效果，不做又感觉对不起员工。那么究竟什么样的培训才能帮助员工成长呢？第六章为大家提供了两种培训方式：一种是行动学习；一种是逆向导师制。行动学习就像乐高积木，可以根据需求随意组合，是加快员工成长、切实解决企业问题的“金钥匙”；逆向导师制则打破了层级、年龄与权威的界限，充分调动年轻的优秀员工的积极性，促进高层员工与基层员工共同成长。

第七章　联盟型员工

战略、组织、人才是企业运营的基本要素。对于现在的企业来说，不管是大企业还是举步维艰的中小微企业，同样重视与渴求人才。第七章以时间为线索，把企业与人才建立关系的过程分为三个阶段，即人才的获取(招聘)，人才的运用(就职)，人才的离开(离职)，并围绕这三个阶段阐述如何打造企业与员工的联盟型关系，从而实现企业与员工的共赢。

综上，我们可以将上述七个方面总结为“四力”火箭模型。“四力”分别是指以事业为主线的牵引力，以平台型组织和联盟型员工为基座的承载力，以激励性薪酬和牵引式绩效为基础的推动力，以游戏化管理和赋能式培训为辅助的激发力。“四力”模型是理想中的模型，企业可以根据实际情况加以运用。希望我们的浅薄之见，能够帮助企业激发潜能，走向成功。

我们深知，世异时移，每一种理论都会随着时间的流逝而出现不足，期待大家的批评指正。我们会在企业动力机制研究的路上一直努力，期待在后续学习和研究的路上，你我共行。反馈邮箱：wkservice@vip.163.com。

易淑蓉　徐兴富

2021年8月

目录
CONTENTS

第一章

宏大的事业

第一节 认识宏大事业的变革目标

伏羲教民结绳为网，以佃以渔；后稷教民稼穑，树艺五谷。他们帮助先民开启了全新的生活方式，得到了人民的拥护。《周易·系辞》中说：“举而措之天下之民，谓之事业。”成就大事业的人一定有大情怀，一定是胸怀天下的，是以推动整个社会进步为己任的。对于企业来说，也许并不是每一个企业都具有改天换地的能力，也不是每一个企业都有这样的机会。但是，不可否认，企业只有将自身存在的意义上升到一个高度，才能吸引到有理想、有情怀的人。因为每个人其实都有一颗不甘落后、不甘平庸的心，只是有时会被一些现实因素所掩盖。如果企业能够扫清障碍，提供一个平台，尽可能地帮助大家展现个人价值，就能实现个人、企业、社会三方的共赢。

对企业来说，所谓的大事业与大情怀，其实就相当于“使命、愿景、价值观”中的使命。就像戴维·帕卡德所说：“企业之所以存在，就是为了做些有意义的事情，为社会做一份贡献……放眼四周，我们仍然能看到那些只盯着钱的人，但是大多数人之所以有动力前进，是因为他们想要做一番事业：制作一款产品，提供一种服务。一言以蔽之，就是想要做些有意义的事。”我们称之为“宏大事业的变革目标”。

一、宏大事业变革目标的三大意义

(一) 宏大事业的变革目标是吸引优秀人才的磁石

随着社会的发展，随着物质生活水平的日益提高，意义感在工作和生活中已不可或缺。

例如，维基百科是一个在线百科全书，它是全球网络上最大且最受大众欢迎的工具书，是全球十大最受欢迎的网站之一。维基百科允许访问网站的用户自由阅览和修改绝大部分页面的内容，整个网站的总编辑次数已超过10亿次。2018年12月，维基百科入围2018年世界品牌500强。这样一个影响力如此巨大的网站，其内容竟然是由超过1000万名不拿薪水且多为匿名的作者撰写的。可见，人们都愿意做有意义的事情。

又如，TOMS是美国著名的休闲鞋品牌，深受欧美明星的喜爱，由美国才华横溢的设计师布雷克·麦考斯基(Blake Mycoskie)创立。布雷克·麦考斯基从阿根廷传统布鞋获得灵感，成立TOMS这个品牌，承诺每当顾客购买一双TOMS鞋子，将会送一双鞋给全球范围内有需要的孩子！到目前为止，TOMS已经为全球的贫困儿童捐出了5000万双鞋子，而TOMS也成了年销售额数亿美元的知名品牌。

积极心理学之父马丁·塞利格曼(Martin Seligman)说：“使命是最令人满意的工作形式，因为使命同感激之情一样，动机都很单纯，是为了满足精神需求，而不是为了追求物质利益。”塞利格曼将幸福分成三种状态：愉悦的生活，即享乐主义的、肤浅的；良好的生活，如和谐的家庭与朋友关系；有意义的生活，如寻找目标、超越自我、朝着更好的方向努力。研究表明，千禧一代更加追求自我价值的实现，寻求生活的意义，普遍认为“工作是为了更好地生活”。

在这种趋势下，企业该如何定位？什么样的使命与愿景才能吸引求职者在自己的组织里工作呢？约翰·哈格尔和约翰·布朗认为，宏大事业的变革目标能产生一种文化动力，即“拉动力(power of pull)”。也就是说，足够鼓舞人心的宏大变革目标会帮助组织建立一个社群，这个社群会自我发展，最终创造出自身的文化，就像苹果公司的“果粉”，他们凌晨起来排队，只为了买到新发售的手机；就像小米公司的“米粉”，他们牺牲自己的休息时间，只为了解决小米手机的一个缺陷。这些都是共同的愿景与使命所引发的文化现象。

(二) 宏大事业的变革目标能帮助企业积极变革

在奇点大学创始人雷·库兹韦尔(Ray Kurzweil)和当代著名思想家杰里米·里夫金

(Jeremy Rifkin)的著作中，都把当下的时代定义为范式转换(paradigm shift)的时代。这是因为，现在跟过去是完全不同的时代，常识随时都会被颠覆，跨界创新层出不穷。例如，曾经风光无限的手机巨头诺基亚面对移动互联网的巨变却执意于沿用塞班系统而败北；又如柯达公司面对数码照相技术却死守原来的核心产品，最终破产。

在全球经济中，类似的颠覆不胜枚举。在当前这种大环境下，企业试图找到一个好的“蓝海战略”来维持生存。而所谓的“蓝海”只是暂时的避风港，只要某个领域或某个商业模式有利可图，资本就会跟进，迅速将“蓝海”变成腥风血雨的“红海”。因此，未来的企业只有持续创新、快速变革，不断找到新的“蓝海”，才能持续保持领先优势。而宏大事业的变革目标是一种方向性的指引，这种方向性的指引能够让企业保持清醒。

(三) 宏大事业的变革目标能使企业适应互联网时代的节奏

传统企业战略并不会轻易改变，很多大型企业设有战略部门，负责制订5年计划。这些以年为单位度量的战略是用来描述公司的长期期望和目标的。但是现在时代的变化速度实在太快，不根据形势迅速调整战略就会影响公司的发展，而宏大事业的变革目标使企业适应互联网时代的节奏，以不变应万变。

正如小米公司一样，2019年7月22日，这家“永远相信美好的事情即将发生”的公司首次入榜世界500强，排名468位，在上榜的全球互联网企业中排名第7。小米从2010年创立到成功跻身世界500强，共用了8年时间，是最年轻的进入500强的公司。

宏大事业的变革目标能帮助企业根据外部环境的变化调整其战略，设计其业务，使之适应时代的变化。

二、宏大事业变革目标的四个特性

(一) 有希望，有价值，让人感受到意义和价值

就像美国20世纪60年代的登月任务一样，美国总统肯尼迪在1961年5月25日声明：“美国要在未来10年内实现送人登陆月球并且安全返回地球的任务。”这样的口号让全美国为之振奋。又如，通用电气公司将其第一个使命定为“让天下亮起来”，每个加入通用电气的人都认同这个目标，从领导到员工都有“我的工作是让世界亮起来”的使命感和荣誉感，这种使命感和荣誉感驱动通用电气上下一心，使通用电气成为电气领域的领导者。

这种有希望和有价值的目标能够激发大家的使命感与荣誉感，使大家团结一心，共同奋斗。当遇到困难与挫折的时候，大家能够保持旺盛的斗志；当遇到机遇与诱惑的时候，大家能够保持清醒的头脑。企业营造的宏大事业的变革目标，会让每个人身处其中，每个人都能热情洋溢，充满希望，废寝忘食地为企业创造价值。这种积极主动的创造力是其他

力量不可比拟的。

(二) 能引起相关群体的共鸣，容易理解，朗朗上口

格力的变革目标是“弘扬工业精神，追求完美质量，提供专业服务，创造舒适环境”。这4句话将格力的追求、对质量的重视、对服务的要求、对环保的责任体现了出来，同时体现了一个民族企业的担当。

星巴克的变革目标是为消费者提供家庭和工作场所之外的“第三空间”。为了营造这种独特的第三空间，星巴克会去购买高品质的咖啡豆，会摆放别致的桌椅，会设计独特的咖啡杯，会设计每一家店面的灯光，会安排咖啡大师为每一位消费者烘焙属于他们的每一杯咖啡，会在餐厅内精心设置电子插座以及免费的无线网络，方便消费者上网和使用各类电子设备。而这一切都是为了让消费者有一个舒适的独立于家庭与工作场所的第三空间。

又如，谷歌的变革目标是“管理全世界的信息”；微软的变革目标是“让全世界的办公电脑用上微软的软件”。有了宏大事业的变革目标，你会发现，创业不再是一件风险极大的事情，在志同道合的人的帮助下，你在创业中的每一步都走得坚实又充满希望。

(三) 具有可行性

企业的变革目标体现了企业重视什么，企业的信念是什么，想要成为什么。例如，迪士尼的变革目标是“让世界快乐起来”，他们招聘员工的标准是“这个员工是否快乐，是否能将快乐传递给更多的人”。

(四) 可细化，可考核

宏大事业的变革目标只有细化成具体目标并经常考核，才有可能实现。

杰克·韦尔奇在《赢》一书中写道：“如果你不能时常传达你的目标，不能通过奖励巩固你的目标，那么，你的愿景还不如打印愿景的纸有价值。”

价值观是宏大事业变革目标的体现。马云认为：“价值观并非虚无缥缈的理念，价值观需要考核，文化是考核出来的。”基于这种理念，阿里每个季度都考核价值观，每年的年终奖、晋升都要和价值观挂钩。员工业绩好，价值观不正确，则不能晋升。只有这样将使命细化为可考核的价值观，用制度将价值观落实下去，企业才会实现自己的变革目标。

第二节　认清变革

一、变革的类型

欧洲工商管理学院教授斯图尔特·布莱克(J. Stewart Black)在他的《变革始于个人》(*It Starts with One*)一书中把变革分为三种类型：预期性变革、反应性变革和危机性变革。

(一) 预期性变革

预期性变革是指在现有模式成功的时候就能敏锐地发现新的机会或者预见潜在的风险。日中则昃，月满则亏，物盛则衰，巅峰即是衰落的开始。这时，团队成员都沉浸在成功的喜悦中，没有人认为需要变革，推动变革的难度最大；但此时推动变革需要付出的成本最小，变革成功的潜在收益最高。能够做出预期性变革的企业，往往具有长远的眼光、强大的魄力和强硬的手段。

(二) 反应性变革

反应性变革是指大势已经形成，组织已经感受到环境变化带来的某种威胁和压力，领导者决定变革以适应变化。这时，团队中部分人已经觉察到变革的必要性，推行变革的难度适中，付出的成本也适中，变革成功所带来的预期回报也适中，谈不上抢占先机，只是没有落伍。

(三) 危机性变革

危机性变革是指被形势所迫的变革，不变革就要被市场淘汰。这时，变革的危机感和团队共识很容易形成，很容易推行变革，可惜市场的先机已经被竞争对手占尽，变革的成本很大，难度也很大，变革成功所带来的收益并不是很高。

显然，乔布斯带领的苹果公司所进行的智能手机领域的变革就是预见性变革，三星智能手机业务的变革是反应性变革，而诺基亚则为危机性变革做了失败的注脚。互联网时代的企业，不管是创业型小微企业、发展中企业，还是已经处于瓶颈期的企业，都需要具有变革精神，如果不突破，不变革，就有可能被时代淘汰。

二、变革的难点

变革就意味着对原有的状态进行改变，以适应内部和外部环境的变化，就是重新树立一个目标，换一套规则，采用一种新的形式。所以，变革的真正阻力是人，要让人结束习惯的、有了深厚感情的旧模式，转而去适应新模式，是非常困难的事情。成功的变革必然是“事”和“人”协调一致的过程。变革的最大障碍常常是人的情感障碍和行为障碍。

在情感方面，人们面对障碍的主要表现为以下几点：没有感到变革的必要性，看不到变革会为自己带来什么实质性的好处；担心变革后会失去既得利益，违背自己的理想、价值观和准则；依然存在过去失败的变革带来的心理创伤；害怕不确定性，担心自己不能适应变革而沦为变革的牺牲品。

在行为方面，人们面对障碍的主要表现为以下几点：对变革所带来压力的自然反抗；安于现状，因为惰性，不想去改变；缺乏新模式必需的新技能，害怕学习新技能。

难于变革的深层次原因主要表现为三个方面。

(一) 突破人的舒适区有一定难度

大部分人在心理上非常抗拒变革。那些持打工心态的普通员工，肯定不想给自己找麻烦，即便他们已经感受到来自外界的威胁和压力，也通常不会主动发起变革的倡议。一方面，他们认为自己不是领导，没有这个义务；另一方面，他们觉得自己没有能力去推动变革。在外界压力很大、旧模式颓势非常明显的情况下，普通员工会把业务的失利责任推到领导者头上。即使人人都认为组织必须变革，也没有人认为自己需要改变。除非人们认识到变革的重要性，否则他们会一直保持现状。

全球管理大师、斯坦福大学教授詹姆斯·马奇(James G. March)提出，组织常常会陷入成功陷阱。所谓成功陷阱，就是组织习惯性地沿袭以前成功的行为模式，沉浸在自己习惯的模式中，对外部环境的变化和威胁毫无察觉，对外部更好的机会缺乏敏感性，从而错失了最佳的变革时机，当组织突然有一天遭遇重大威胁的时候，采取变革已经来不及了。

成功陷阱形成的根本原因是过往的成功让决策者自我膨胀，以自我为中心，沉浸在自己的世界里，视野狭隘，对环境的变化和潜在的威胁缺乏警惕性，对更好的机会不敏感。英国著名历史学家阿诺德·约瑟夫·汤因比(Arnold Joseph Toynbee)说：“没有什么事像成功那样失败了。”他在研究了大量史实后发现，今天的成功是战胜了过去的挑战而赢得的，面对今天的挑战，过去的成功经验不再有效，甚至会导致失败。美国现代派作家约翰·加德纳(John Gardner)说：大多数境况不佳的组织已经患上一种功能性视觉障碍，看不见自己身上的缺点。

这就是说，变革中的难点是如何突破人的舒适区。舒适区是指活动及行为符合人们的常规模式，能最大限度地减少压力和风险的行为空间，从而让人处于心理安全的状态。处在舒适区的人们会有一种寻常的幸福感，以为自己看到的就是全世界，只接受符合自己世界观的东西，并沉溺于这种低焦虑和低压力的状态。而现实情况是，尽管处在舒适区的人们不想改变现状，但是外部的世界却在不断地变化着。

美国人类学家玛格丽特·米德说过："永远不要怀疑，一小群有思想、肯付出的人能改变世界。事实上，世界正是这样被改变的！"人们与生俱来的好奇心、上进心会一直推动着社会进步。在这股力量的推动下，外部环境的变化越来越快，社会也越来越进步，如果一个人不能适应这些变化，就一定会被淘汰。正如网络名言说的那样："你必须拼命奔跑，才能留在原地。"

(二) 变革会影响部分人的利益

变革是对现有的战略、系统、组织、制度、流程等的改变，而改变总会触及部分既得利益者的利益，有可能是物质利益，也有可能增加了工作量以及工作的难度。变革，表面上是物的改变，实际上是人的改变。很多时候，团队成员对变革的目标和方向不是不理解，而是不能很好地把变革目标和方向与个人的诉求和利益结合起来。组织变革的宏大愿景固然不可或缺，但每一个参与者也不可避免地打着自己的小算盘，他们会问：变革成功对我意味着什么？所以，只有人们发现变革成功给自己带来的更大利益时，才会真正克服情感、习惯以及利益的阻力来支持变革。管理大师马奇认为，组织之所以陷入"失败动力学"的怪圈，其原因可能有两个：一是决策失败，不得不中途叫停；二是决策本身不错，真正的问题出在团队成员身上。所以，领导者一定要清楚地知道员工真正在乎的是什么。一般而言，对于员工来说，他们有5个利益诉求，如表1-1所示。

表1-1　员工利益诉求

利益类型	具体表现
成就感	变革会给自己带来哪些成就感，同时可以在哪些方面体现个人成就
成长性	参与变革对自己未来发展的影响，能否在变革中获得锻炼和成长
灵活性	能否给自己灵活的授权，以充分施展自己的才华
社会关系	跟谁一起共事，是否有机会发展积极长远的社会关系
物质报酬	当期和远期的物质回报怎么样

员工在旧模式下待久了，难免会进入自己的舒适区，而舒适和成长是不相容的。领导者要做的工作是帮助员工厘清变革成功对他们意味着什么。变革有一个天然的有利因素，那就是变革意味着挑战和创新，而挑战和创新恰恰为员工提供了成就自我和快速成长的机会。因此，变革与员工诉求之间有很多积极关联，领导者要养成建立变革与员工诉求之间关联的习惯，也要帮助员工建立两者之间的积极关联。领导者有义务帮助员工找到全身心参与变革的理由，使组织利益与个人利益达成一致。

(三) 变革是一个曲折的长期过程

对每一个参与变革的人来说，变革意味着放弃旧模式学习新模式，而这个学习过程无疑是痛苦的。因为不适应、不熟悉新模式，当事人常常面临“付出很大努力，却收获糟糕结果”的局面。欧洲工商管理学院教授斯图尔特·布莱克(J. Stewart Black)在《变革始于个人》(*It Starts with One*)一书中，借助图1-1的学习曲线生动地阐释了其中的道理。

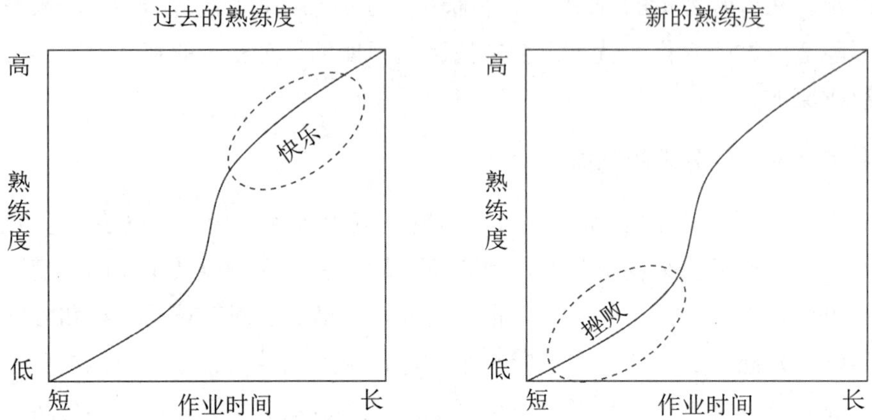

图1-1　学习曲线

学习曲线是指一个人做某项事情的熟练程度随着重复次数(时间)的增加而提高的一种变化曲线。因为旧模式是经过反复强化的，人们沿用过去的模式可以达到“事半功倍”的效果，当然更容易得到快乐的情感体验；而对于新模式，人们需要从头学习，常常“事倍功半”，自然会产生挫败感。

大部分人都要经历一个简单的心路历程，称为“幸福曲线”，如图1-2所示。

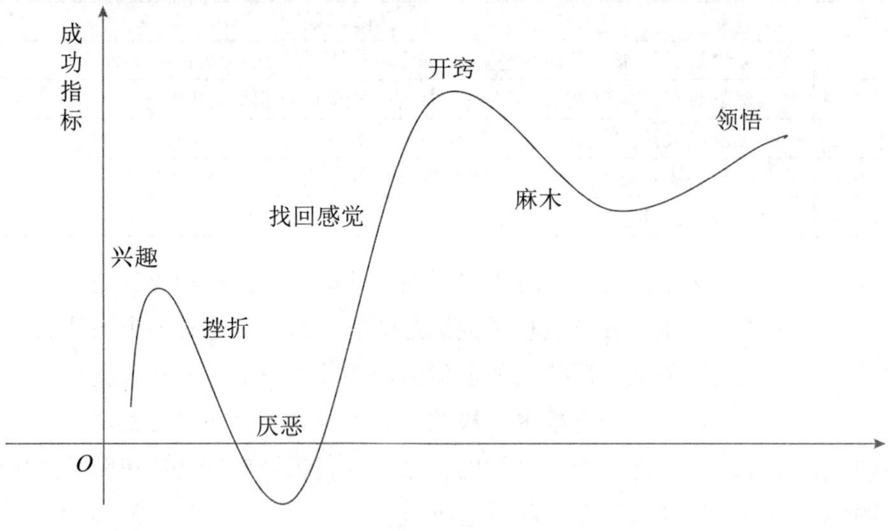

图1-2　幸福曲线

笔者根据“幸福曲线”将变革的过程分为5个时期，分别为兴奋期、厌恶期、突破期、麻木期、蜕变期。

(1) 兴奋期。在变革刚刚开始的时候，团队成员也许因为有机会参与一个有意义的项目而感到非常高兴，充满了热情和期待。这就好比家长给孩子买了一架漂亮的钢琴，孩子刚开始一定非常兴奋，梦想自己长大后成为一名钢琴家。这个阶段称为兴奋期。

(2) 厌恶期。团队成员在实际参与变革的过程中，过了短暂的兴奋期后，很快会因为难以掌握变革所需的新技能而产生挫折感，甚至为凭空增加了一些工作量而苦恼，他们为完成这些工作所要付出的努力大大超过了他们的心理预期。当他们已经付出了很大努力而工作进展却往往不尽如人意的时候，自然会产生挫折感。挫折感的不断积累就会演变成厌恶感。在厌恶期，人最容易打退堂鼓，会对变革的必要性产生怀疑。就像图1-3中的一个挖井人一样，挖到一米处，没看见水，就对地下是否有水产生怀疑，而一直坚持的另一个人却成功了。

图1-3　挖井人

所以，在厌恶期，常常需要外力干预变革。当变革面对各种质疑与挑战时，领导者应在组织变革的厌恶期发挥鞭策督导的作用，只要方向不错，就应该全力克服短期的不适应，强迫并鼓励团队成员坚持新的模式。

(3) 突破期。在这个阶段，变革初见成效，就如同孩子刚学会弹一首曲子，虽然弹奏出的旋律不优美，但总算是会弹了，他付出的努力终于有了回报，他看到了学琴的希望，掌握了弹钢琴的一般规律。变革领导者要学会庆祝变革过程中的每一个小的成绩。

(4) 麻木期。变革进入麻木阶段，就说明新的模式已经逐渐固化，人们已经完全适应，新模式完全替代了旧模式。

(5) 蜕变期。麻木期之后是蜕变期，在这个阶段，团队成员能够把自己的一些创新想法应用到新模式中，这也是一场变革成功的表现。

变革是一场艰辛的旅程，充满曲折。马云说：“今天很残酷，明天更残酷，后天很美好，可是大部分人都死在明天夜里。”我们只有掌握规律，认准方向，坚持下去，才能享受到后天的美好。

三、树立变革目标的注意事项

(一) 宏大变革目标需要与员工共创

1. 企业的发展需要更为宏大的使命和愿景

企业的变革目标大多来源于创业者或者创业团队的梦想，企业的最初变革目标带有浓厚的创始人或者创始团队的烙印。当企业发展到一定阶段并具有一定规模以后，企业需要扩大再生产，靠创始人或者创始团队的言传身教已经没有办法满足持续发展的要求，这时就应该考虑建立更为宏大的使命、愿景了。

2. 互联网时代要求员工参与企业重大决策

在互联网社区文化的熏陶下，员工的自我意识不断提高。在雇佣关系里，表面上是员工给领导打工，实际上也是员工挑选一个能够充分施展自己才华的平台。企业不再是一个打工场所，而是领导和员工各自追逐梦想的平台。每位员工都有自己的理想，当员工发现自己的工作是为自己的理想而奋斗时，就会焕发无限的热情，与领导越来越像合作伙伴。所以，领导者应该给员工足够大的授权，让员工参与公司的决策，敢于给卓越的贡献者分享丰厚的经营利润。

3. 员工参与重要决策的好处

(1) 多人智慧胜于一人，集体智慧使决策的质量更有保障。

(2) 员工参与重大决策的制定，会产生主人翁意识，在执行决策的过程中就会表现得更加积极主动。

(3) 参与决策研讨对员工后期的个人成长与发展有很大的帮助。

员工如果能够从工作中找到属于自己的独特意义和快乐，就能激发出内心的驱动力。所以，当把员工的成长放在首位，鼓励员工主动把工作和成长紧密结合，使其发现工作的意义和价值，自主承担起在工作中成长的责任时，员工就能找到工作的意义和快乐。

(二) 厘清“赚钱”与宏大变革目标的关系

在一个企业中，不管是升级生产设备，扩大再生产，还是发放员工工资，都需要钱来支撑，但赚钱只是变革的结果，不是目标，创造价值才是企业的目标，是立业之本。

1. 赚钱只是结果，不是目标

“钱”是商品交换的产物，是价值交换的媒介。对于企业而言，当其价值能获得用户认可时，用户便会主动地把钱送过来。因此企业的重点不应放在“钱”上，而应放在如何让用户对你的产品有需求，并且让他感觉你提供的产品或者服务就是他想要的，从而自然而然地愿意用手中的钱来换取你的产品或服务。把关注点放在“用户的需求”上，并且让用户相信“这就是我需要的”，用户就会自动自觉地找你而不是找你的竞争对手了。当客户愿意购买产品或者服务时，赚钱只是一个自然而然的结果罢了。

但是，如果企业的目的仅仅是赚钱，那也就意味着企业只关注收入。当企业与员工都把注意力集中在“钱”上面的时候，考虑的是如何说服用户掏钱，甚至使用误导欺骗的手段挽留用户，而这样会让企业离“钱”越来越远。例如，2008年发生的三鹿奶粉三聚氰胺事件，后来发生的苏丹红、地沟油以及食品添加剂等一系列事件，葬送了很多本来资质不错的企业，并且导致整个社会对于这些行业产生不信任。

2. 创造价值才是企业的目标，是立业之本

现代管理学大师彼得·德鲁克说过：“创造价值是真实的，利润不过是结果。”阿里巴巴创始人马云持有相似的观点，他说：赚钱不是我的目的，是我的结果。

创造价值才是企业的立业之本。不管你的企业处于哪一个发展阶段，不管你的企业有多少人，也不管你的企业在成立之初出于什么目的，企业的首要任务就是满足用户的需求，为用户创造价值。踏踏实实做好产品和服务，就会形成口碑效应，从而吸引更多的客户。

转变赚钱的心智模式，相信赚钱只是创造价值的结果，将企业存在的基础建立在为用户创造价值、为社会解决问题上，小微企业或者中小企业就能得出自己的使命与目标。而处于这种企业中的员工，自然也就能够找到自身工作的意义和价值。

第三节　宏大变革目标下的企业运营逻辑

当企业树立了目标，喊出了自己的宣言，剩下的就是怎么实现自己的誓言。上文已经讲过，任何一个企业都要围绕用户展开工作，只有为用户创造价值的企业才能生存。企业运营的关键就是回复以下三个问题：用户为什么购买？用户为什么找你购买？用户为什么再次找你购买？

在传统企业运营逻辑下，传统企业的运营目的是根据自己对用户需求的理解，研发设计出产品，然后想办法卖出去，重在“生产产品和卖出去”。这种思维是一种线性单向思维。这种运营方式的前提是研发工程师对用户需求的判断是准确的。而实际上，准确把握

用户需求是很难的。其中有三点原因：第一，企业在做市场调查时，用户不见得能够说清楚自己的需求；第二，就算用户能完全充分地表达出自己的需求，市场调查的人员未必能够充分理解，在做市场调查总结报告的时候，市场调查人员与研发工程师很容易将自己的想法与用户的需求混淆；第三，外部环境是不断变化的，用户的需求也是不断变化的，当设计师用几个月甚至几年的时间设计出产品的时候，可能用户的需求已经跟之前调查时的需求相差甚远，甚至已经发生了翻天覆地的变化。图1-4是传统企业的运营流程。

图1-4　传统的企业运营流程

而互联网时代的企业运营是由用户协助企业做好产品，然后以“满足用户相对个性化的需求”为卖点来营造营销氛围，重在“与用户建立关系”，为后续可持续经营打下扎实的基础。这种运营方式最大的特点就是反复迭代地进行敏捷开发，即把产品看成一个成长变化的有机体；认可其不完美，接纳最小化可行性产品(minimum viable product，MVP)的不完美；更倾向于从产品面市之后开始计算产品的生命周期。通过MVP与用户做深入的沟通，一步一步改善和迭代产品，从而使产品被市场所接受，具体的企业运营流程如图1-5所示。

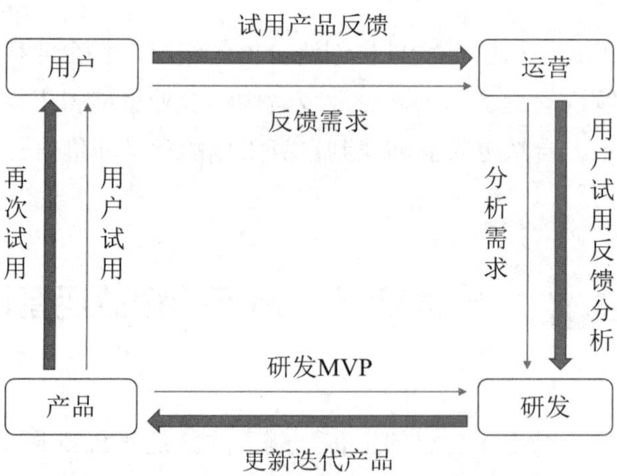

图1-5　互联网时代的企业运营流程

现在，随着互联网思维的普及，越来越多的企业都在运用互联网运营模式。其实不管是哪一种运营模式，都应围绕“用户需求”展开，找到属于自己的用户群体，挖掘他们的需求，并真正满足其需求。

一、对外部环境进行冷静分析

随着科技的不断进步，互联网技术的深入发展，人工智能的日渐普及，经济全球化的步伐不断加快，企业的竞争环境出现了越来越多的不确定性。面对不断出现的新兴产业，面对不断变化的顾客需求，面对波诡云谲的国际政治经济形势，如果企业仍然偏安一隅，故步自封，那么连生存的机会都会丢掉，更谈不上发展与拥有未来。“马太效应”告诉我们：“凡是少的，就连他所有的，也要夺过来。凡是多的，还要给他，多多益善。”

笔者曾为一家研产销一体的三线内衣服装企业做过咨询。这家企业年产值为1.5亿元，但现在利润逐年下降。前两年，该企业还引进了自动化机械设备，引进了所谓的高端人才，但是状况并没有好转，于是，该企业就找我们寻求解决办法。通过前期调研，我们了解到，该企业位于广东省内某三线城市，80%的销售额主要依靠线下8个分销商实现。前几年电商兴起的时候，该企业也想发展电商，但是因为分销商的反对以及招聘不到电商运营人才而放弃。当时，靠着人口红利与政策红利，凭着渠道与资本优势，该企业也发展得风生水起。但是，这几年，企业盈利水平每况愈下。随着销售额的下降，工厂设备经常处于闲置状态。虽然企业招聘了所谓的高端人才，引进了高端设备，也在制度上做出了改变，但仍然无法扭转企业走下坡路的趋势。

这家企业的主要问题是面对互联网时代的到来没有提前做好准备。其实，这家企业的问题在很多中小企业中都存在。因为中小企业经营者习惯于“低着头”解决过去的问题，对于外部世界的变化浑然不知，或者即使知道也是选择性忽略。企业经营者只有面向未来，立足未来，才会让企业有一个好的未来。华为海思总裁何庭波在2019年5月17日发表的“备胎转正”邮件激起了大部分中国人强烈的民族自豪感，但是，如果没有华为创始人任正非立足未来的“备胎计划”，哪有今天华为面对美国制裁的淡定与从容？

企业可以从以下4个方面看清外部环境的发展趋势，在未来抓住机会。

(一) 把握时代发展脉络

1. 科技的发展于企业是机遇还是挑战

我们说互联网与科技的发展是一把双刃剑，在推动社会发展进步的同时也带来一系列社会问题，对企业的发展来说利弊共存。

作为普通消费者，有谁会想到汽车不仅不用汽油，还不用人驾驶？有谁能想到有一天高速路不用人工收费？有谁能想到出门不用带现金，带一部手机足矣？作为普通消费者，我们当然乐于享受这些由科技带来的便利。但是，这对于某些企业来说就不一样了，因为智能手机的诞生与广泛应用使得消费者不再需要独立购买某些产品。手机的摄像头取代了相机，计算功能取代了计算器，音乐功能取代了随身听，一部手机就将多种产品、多种服务、多种行业淘汰了。

2. 新产业、新产品、新服务与新的商业形态于企业是否有借鉴意义

曾经有一篇报道提到未来有50%的行业将会消失，而留下来的行业里70%～80%的企业将会逐渐被淘汰，但更恐怖的是，那些即将被淘汰掉的企业的竞争对手还没出现。也就是说，未来随时会出现新的产业、新的产品、新的服务与新的经营模式。

案例：新兴的旅行住宿方式

爱彼迎(Airbnb)是与人们出行相关的一个独角兽企业，其主要业务对象是用户闲置床铺。自2008年成立以来，Airbnb的用户规模不断扩大，截至2019年第一季度，全球通过Airbnb预订入住的用户人数已经超过5亿。摩根士丹利研究发现，2018年有超过50%的旅行用户将Airbnb作为传统酒店的替代品，其对传统酒店业造成非常大的威胁。更为可怕的是，据摩根士丹利的报告数据显示，目前Airbnb的用户大约有60%是“千禧一代”。对于“千禧一代”来说，旅行为他们探索世界提供了另一条渠道，新兴的旅行方式不断改变着他们的生活习惯，这种新的思维、生活方式也在不断增加Airbnb的用户黏性。

资料来源：硅谷密探. Uber、Airbnb之后，下一个明星独角兽在哪里[EB/OL]. (2019-08-22)[2020-07-28]. https://www.jiemian.com/article/3431660.html.

(二) 了解国家政策、法律的变化

企业要加强对政策、法律的了解与研究，要了解国家的政策、法律对企业自身的产品与服务、质量标准、经营模式等的影响。假如一个企业能够准确地解读政策以及法律法规，便会及时调整企业的发展方向，把握住发展机遇。

例如，近几年，国家重视环保，查处了一些重污染企业，有的企业预见了这一点，提前进行技术改造，避免了被查处。又如，在创建和谐社会的背景下，人的心理健康、孩子的学习与成长、老年人护理服务等业务都是符合未来发展趋势的，都是政府发展政策中特别关注的内容，如果企业的业务与这些相匹配，便能得到政府的支持，从而把市场做大。

2019年8月18日，中央全面深化改革委员会第九次会议审议通过《关于支持深圳建设中国特色社会主义先行示范区的意见》，其中明确提出将支持深圳率先建设体现高质量发

展要求的现代经济体系。在国家的大力推动下，深圳的5G、人工智能、网络技术、生物医药、通信高端器件等行业将迎来重大利好。

(三) 研究行业的未来趋势

企业的生存和发展离不开行业环境，行业环境是影响企业经营活动的关键因素。行业分析是企业制定战略规划的重要依据，企业需要密切关注行业环境，了解行业态势，从而确保企业处于有利地位。对行业未来趋势的分析主要从以下几个方面着手。

1. 行业基本面

企业需要对行业发展变化及趋势做出预测与判断，从而在商机出现时及时把握，在风险到来时提前避开。第一，应了解行业的市场容量大小。第二，应了解行业的竞争类型，市场资源是集中掌握在一部分企业手中还是分散的；相关企业都是一些怎样的企业。第三，应了解行业的发展阶段，行业是处于初始发展阶段、快速成长阶段、成熟阶段，还是处于停滞阶段或是处于衰退阶段？如果处于初始发展阶段而且市场容量较大，就意味着还有很大的发展空间，反之则需要从长计议。第四，应了解行业的增长速度，快速增长的环境会鼓励其他公司进入，缓慢增长的环境会使市场竞争加剧。

2. 行业技术

企业应了解生产工艺、制造技术的现状以及发展趋势，并结合企业的现状判断行业技术的变化给企业带来的机遇与挑战，从而提前应对。科技发展突飞猛进，对于企业特别是中小企业来说是机遇更是挑战。中小企业可以考虑与高校或者专业的研究机构合作，让企业有机会接触前沿技术，从而实现自身产品与服务的升级优化。

3. 行业的产品或服务

企业应通过对行业内产品与服务的分析，明确与竞争对手的产品或服务是否有差异，是强差异化的，还是无差异化的？从而调整企业自身产品结构。

4. 行业供应链

从以下几个方面分析：行业内的其他企业能否实现采购、制造、运输、营销或广告等方面的规模经济？本企业在规模经济方面存在哪些优势或劣势？在行业的整个供应链中，向前整合或向后整合的程度如何？是完全整合、部分整合还是未整合？

5. 行业的竞争对手

哈佛商学院的迈克尔·波特教授将行业中的竞争力划分为5种(见图1-6)。这是个非常有用的工具，我们可以借助它系统地分析市场上主要的竞争压力，判断每一种竞争压力的强大程度。

(1) 行业内竞争者的竞争能力。这是5种力量中最强大的。为了赢得市场地位和市场份额，行业内竞争者通常不惜代价。一般而言，行业中的竞争厂商都善于在自己的产品上增加新的特色，以增强对用户的吸引力，同时毫不松懈地攻击其他竞争者的市场弱点。竞争厂商之间的竞争是一个动态的、不断变化的过程，各厂商对价格、质量、性能、特色、用户服务、广告、分销网络、新产品革新等因素的重视程度也会随时间发生变化。

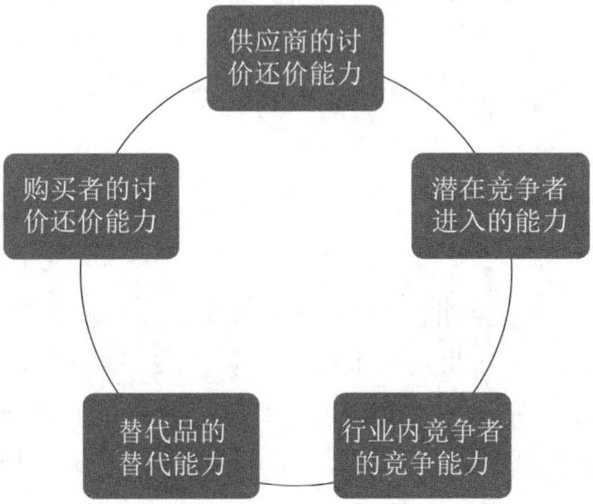

图1-6　波特五力模型

(2) 潜在竞争者进入的能力。一个市场的新进入者往往会带来新的生产能力和资源，希望在市场上占有一席之地。对于特定的市场来说，新进入者所面临的竞争威胁来自市场壁垒和现有厂商对新进入者的反应。在市场壁垒方面，如果新进入厂商拥有充足的资源和能力，其进入市场的壁垒就低，就能轻松进入这个市场；在现有厂商对新进入者的反应方面，如果行业中原有财力强大的厂商发出明显的信号，要捍卫市场，或者原有厂商通过分销商和用户群创造某种优势来维护业务，新进入者必须慎重考虑后再做决定。

(3) 替代品的替代能力。某个行业的竞争厂商常常会因为另外一个行业的厂商能够生产很好的替代品而面临竞争。一般说来，替代品的价格越低，替代品的质量和性能越高，购买者的转换成本越低，替代品所带来的竞争压力就越大。

(4) 供应商的讨价还价能力。供应商是弱势力量还是强势力量取决于其所在行业的市场条件和所提供产品的重要性。

(5) 购买者的讨价还价能力。如果购买者在价格、质量、服务或其他销售条款上拥有一定的谈判优势，购买者就会成为一股强大的竞争力量。

企业应该找出自己在这5方面的竞争对手，对他们的战略计划与布局进行重点分析，从而使自己的企业能够走在竞争对手的前面。

分析行业的未来趋势，对于企业做好自身的定位有很重要的作用，有利于企业察觉行业的变化并提前做好准备，从而避开风险。

(四) 关注主要竞争对手的发展动态

大多数企业特别是中小企业在发展的过程中，都会有自己的竞争对手。孙子云“知己知彼，百战不殆”。

对于竞争对手，我们应该有正确的认识。虽然俗话说“同行是冤家”，但并非所有同行都是竞争对手，在一个行业中，只有具有相同战略方向的企业才是真正的竞争对手。对竞争对手的分析主要从以下几个方面着手。

1. 产品策略分析

企业可以通过产品线了解竞争对手的产品结构，通过产品的关键技术能力、功能、实用性了解竞争对手的产品的性能优势，通过产品的包装与宣传了解竞争对手的品牌的影响力。

2. 渠道策略分析

渠道策略分析就是分析“用户从哪里来”的问题。竞争对手的渠道到底是以线上为主还是线下为主，或是已经做到了线上线下渠道融合，这些都是企业需要注意的。

3. 营销策略分析

营销策略包括定价策略、推广策略、促销策略、场景设计等。定价策略解决“服务哪些用户”的问题；推广策略解决“用户怎么来”的问题；促销策略解决“如何让用户买更多”的问题；场景设计其实是为了解决“现在就买”的问题。了解清楚竞争对手的营销策略能够为自己制定策略提供思路与方向。

4. 用户服务能力分析

用户服务能力的评价指标包括用户满意度、信息化程度、服务效率等。通过了解竞品用户的习惯、喜好、类型，能够提升企业自身的服务质量；通过对竞争对手用户服务信息化程度以及他们的服务效率的了解，能够弥补自身短板，提高企业综合竞争力。

5. 发展方向与计划分析

根据竞争对手的发展方向、计划，适时调整自身的战略规划。

另外，我们可以通过波特的“五力模型”以及“SWOT”分析方法，综合评估自身的真实情况以及竞争对手的实力，从而在对手的弱势方面发挥自身的优势，实行差异化竞争策略，让企业走向更有希望的未来。

如果企业能对外部环境进行冷静的分析，就能在风云变化的外部环境中发现商机；如果企业在发展的过程中“两耳不闻窗外事”，只盯着自己手中的“一亩三分地”，是不会有前途的。

二、对企业自身进行客观评价

对于中小企业来说，特别是在起步阶段，如果它什么项目都想做，什么用户都想要，就会变成一个“杂货铺”。“杂货铺”刚开始也许能勉强维持生计，但是永远不可能做大、做强。更可怕的是，“杂货铺”带来的短期利益容易让企业不思进取，从而忘记当初的使命与初心，最终被时代所淘汰。任正非说：战略的中心是“略”，只有坚决地放弃那些不重要的事情，才能专心致志、心无旁骛地做好重要的事情，突显自己的特色与风格。所以企业要做好定位，明确自己是谁，明确能为用户提供的价值。

(一) 明确企业在市场上的定位

艾·里斯与杰克·特劳特在《定位》一书中指出：“定位就是如何让你在潜在用户的心智中与众不同。”从企业运营角度来理解，定位是指企业基于用户的相关需求，通过相关产品或服务塑造企业特有的文化、形象、个性等，以进入用户心中，从而在用户心中占据一定地位的方法。在产能过剩、产品高度同质化的今天，要让产品与企业具有高辨识度，企业就必须做好精确定位。

1. 确定合适的市场

合适的市场应该是大企业“看不上”，小企业“做不来”的空位市场。大企业“看不上”，是因为这个市场的规模不够，其投入产出比不高，大企业不愿意花太多的时间和精力来经营这个市场；小企业“做不来”，是因为小企业的技术能力、资金水平和经营水平达不到进入的标准，想进入却没有这个能力。这样的市场才是适合进入的。

2. 做不了行业的第一，就做行业的“唯一”

每个企业家都有一个做第一的梦想，这是企业家普遍具有的创业精神。但是，变幻莫测的市场永远考验着企业家的智慧。

相比做第一的困难，选择做“唯一”是一种智慧的策略。选择做“唯一”，最常用的策略就是“细分”。要认识到，品类里面还有品类，产品里面还有产品。当对品类、产品进行足够细分之后，才能找到自己所要做的那个“唯一”。任何行业、品类、产品都可以进行持续的分解，就像中国菜可以分为鲁菜、川菜、粤菜、闽菜、苏菜、浙菜、湘菜、徽菜八大菜系，甚至有更加小众的地方菜。

(二) 明确能为用户提供的价值

企业为用户提供的产品与服务就是企业的价值。企业要在充分了解用户需求的基础上，对自己的产品与服务进行精心的打磨与设计。

1. 充分了解用户的需求

从社会心理学的角度来看，用户的需求受很多因素的影响，其真实需求很难把握。一方面是因为用户可能意识不到自己的需求，毕竟普通的消费者不是产品专家，面对生活中的不便，时间久了就会慢慢适应，认为生活本身就是这样的。另一方面，用户无法意识到自己的真实需求或者无法准确地说出自己的真实需求。亨利·福特说过：如果问用户需要什么，用户会说我需要一匹快马，因为他们脑子里根本没有车这个概念。所以，当我们做用户需求分析的时候，需要看到用户的本质需求。

(1) 根据用户的需求层级，了解影响用户需求的价值要素。亚伯拉罕·马斯洛认为，人类行为的动力源于满足需要的内在渴望，按照需要的层次分为：生理需求，安全需求，归属需求，尊重需求，自我实现需求。很多人将马斯洛的需求层次呈现为金字塔的形状，认为只有底层需求满足之后才会有更高层级的需求，其实，马斯洛认为多种满足形式可同时存在。贝恩公司通过近30年对用户定量与定性的研究，找出了用户真正在乎的30种价值要素，并且将这30种价值要素归为4类：职能类、情感类、改变生活类和社会影响类(见图1-7)。该理论认为，企业提供的要素越多，用户的忠诚度越高，增长的收入越多。(摘自《哈佛商业评论》2016年09期)

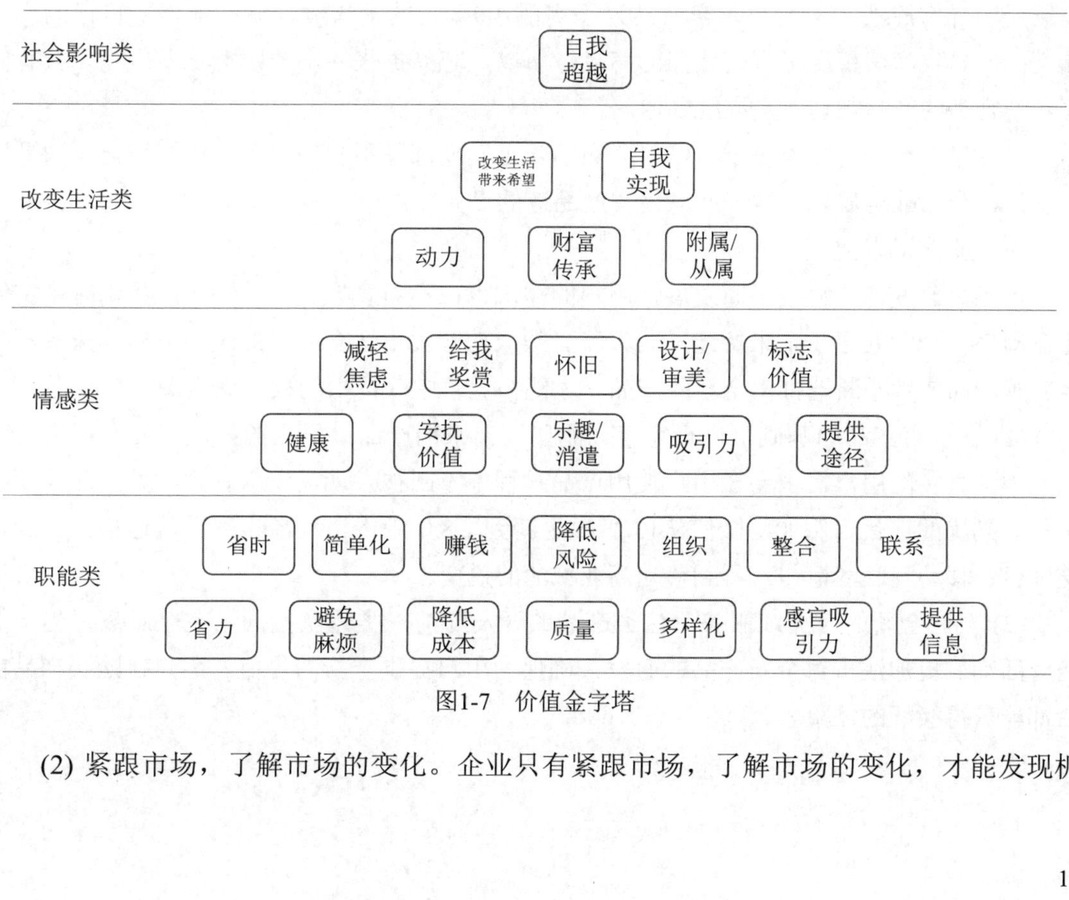

图1-7　价值金字塔

(2) 紧跟市场，了解市场的变化。企业只有紧跟市场，了解市场的变化，才能发现机会，才有机会开发出市场接受的产品。有一种市场需求叫“需求流行”，是指没有任何征兆，用户群体突然就对某一项属性表现出特别旺盛的需求。如果企业能够快速、准确地把握住“需求的流行趋势”，就能抓住流行需求的一波红利。当然，这种紧跟市场变化的做法适合创业型企业和规模比较小的企业，因为他们“船小好调头”。

(3) 结合时代以及技术发展的趋势，预判用户的需求变化。市场发展是有一定规律的，我们可以将“需求趋势”分为两种：一种是“需求小趋势”，一种是“需求大趋势”。“需求小趋势”是指2～5年内用户需求的变化；“需求大趋势”是指6～20年内整个行业里用户需求的变化。这个大趋势更多倾向于一种价值观的变化。因为时间相隔较长，大趋势的研究相对复杂一些，对企业的市场调研能力要求非常高。

2. 根据对用户需求的了解，设计自己的产品与服务

当企业对用户需求有了自己的了解与预判，就可以据此设计出有市场竞争力的产品与服务。企业该怎样设计产品与服务呢？

1) 做好产品战略

好的产品战略能够使企业得到很好的发展，而不合理的产品战略会影响甚至阻碍企业的发展。例如，海尔在洗衣机、空调、彩电等家电领域取得成功后，推出了电脑产品，而市场反应异常冷淡。又如，凡客诚品为了实现100亿元的销售额，疯狂地增加自己的产品品类，而导致库房积压了五花八门的商品。所以，产品扩张并不一定意味着成功，只有做好科学合理的产品规划才是取胜之道。

产品过于单一与品类过于丰富对公司的长远发展都是不利的，企业要根据自身的具体情况做好产品战略规划，做好产品线与产品链的设计。

2) 注重产品发展

市场风云变幻，科技不断发展，用户的需求也在不断发生变化，每个产品都有一定的生命周期。企业要想在未来持续发展，就必须成功开发出适合未来的产品。企业只有不断地完善产品或者不断地推出全新的产品，才能在竞争中获得主动权，免遭淘汰。

(1) 在现有产品的基础上进行完善。刚研发出来的产品离真正的好产品还有很远的距离，因为真实的用户需求会在用户使用产品过程中不断被发现，一款真正的好产品需要经历从有到优的迭代。例如，微信从1.0版本更新到了8.0 版本，已经实现了从通信工具到社交平台、移动互联网枢纽，再到移动商业城池的蜕变。

(2) 发展全新的产品或服务。这类产品的开发与前一类完全不同，完全脱离了当下的运营活动，更加注重对全新产品的研发，确保为用户提供全新的价值。用户在购买产品前后都能获得极好的体验。

3. 设计营销方式

到目前为止，营销经历了三个时代：传统营销时代、互联网营销时代、移动互联网营销时代。

传统营销时代的营销效果主要取决于线下渠道、电视台与报纸等媒体及销售人员数量，那时的营销具有资源密集型与劳动密集型的特点。

互联网营销时代的营销效果主要取决于流量与转化率。当线下渠道被大公司控制后，中小企业在互联网时代找到了出路。互联网时代的营销解放了销售人员，具有知识密集型的特点。

随着移动设备、社交媒体、大数据、传感器、定位系统的发展，移动互联网营销呈现出技术密集型的特点。

虽然时代变迁，技术日新月异，营销的手段与花样层出不穷，但是，不管是传统营销时代，还是互联网时代，或是移动互联网时代，所有营销的核心都是吸引用户注意，与用户产生情感链接。企业要做的就是紧跟时代的发展，洞悉消费者的需求与心理，选择适合自己的营销方式，从而取得成功。

4. 构建企业的核心竞争力

一个企业要想获得发展，必须拥有自身的核心竞争力。普拉哈拉德将核心竞争力精辟地总结为“组织中经过整合了的知识和学习技能，尤其是如何协调各种生产技术，以及如何将众多的知识一体化”。

通俗一点说，核心竞争力既不是产品，也不是服务，而是隐藏在产品和服务背后的不断扩展和提高的知识和技能。一个企业要想在全球化、信息化社会中获得发展，必须拥有自身的核心竞争力。核心竞争力有两个显著特点：一是精准定位用户需求；二是难以被竞争对手模仿。很多企业在进行市场定位时，往往将注意力放在竞争对手身上，关注竞争对手在做什么及怎么做，而不是关注用户需求。企业应该明确，跟进和模仿永远不会有新的出路，而差异化战略才真正能使企业立足并获得一定的发展。

三、对用户进行精准画像

企业对用户的定位越精准，成功的概率就会越大。当企业对用户进行精确画像之后，就能迅速、高效、精准地找到目标用户，因此企业所面临的风险也就越小。

案例："名创优品"的精准营销

名创优品这个新时代的"10元零售店"短短5年在79个国家和地区开设了3500家店，超过10亿人进店消费。名创优品在市场上的不俗表现与精准的用户定位是分不开的。"名创优品"将用户定位为18～28岁的年轻女性。为了服务好这一顾客群体，名创优品推出了眉笔、香水、零食等商品，最终在零售业的"寒冬"里异军突起。

资料来源：36氪. 名创优品的营销新探索[EB/OL]. (2019-09-03)[2020-07-28].https://new.qq.com/omn/20190903/20190903A0MMAO00.html.

(一) 了解用户需求

用户的需求，简单说来，分为三种。第一种是功能性需求，即购买你的产品与服务能够解决实际问题，带来利益。第二种是象征性需求，即购买你的产品与服务可以提升形象，获得社会认同感。第三种是体验性需求，即购买你的产品与服务能够获得感官体验的刺激或者认知体验的刺激。所以，在选择目标用户前，企业需要明确自己的产品或服务可以满足用户的哪些需求。

(二) 为用户画像

传统的为用户画像的方法包括"行业数据分析""调查问卷"和"用户访谈"等。但是，这些方法耗时较长，而且其中的伪信息居多，已经不能够再支持企业做出精准的用户画像了。而移动互联网时代，应用大数据技术能够更加精准地还原用户的"未来面貌"，获取用户"未说出但需要的"内心需求，进而做到精准地为用户画像。企业可以从看、听、想、说、感、时、空7个方面来进行用户画像(见图1-8)，从中获取更多的用户心理需求层次的反馈。我们从这7个方面去思考和分析用户，就能更好地理解用户的环境、行为、关注点和愿望，就能洞察出用户更多没有被满足的需求。

对于企业来说，宏大事业的变革目标犹如海上的灯塔，能让轮船在茫茫大海中航行却不迷失；宏大事业的变革目标就像天然的磁石，能吸引优秀人才不断靠近；宏大事业的变革目标好像助燃剂，能点燃优秀人才内心梦想的火苗。所以，在互联网时代，企业需要用理想点燃热情，用热情驱动智慧，用智慧去实现梦想。

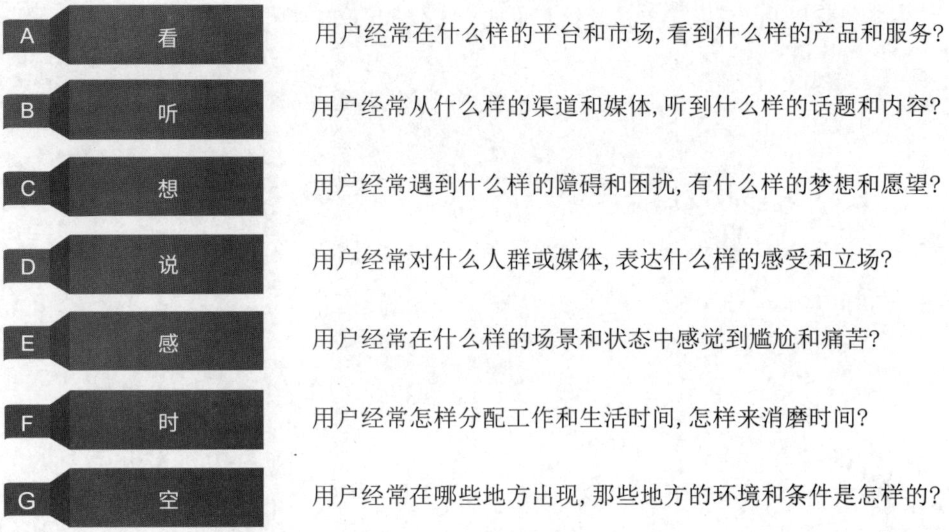
A 看
用户经常在什么样的平台和市场，看到什么样的产品和服务？
B 听
用户经常从什么样的渠道和媒体，听到什么样的话题和内容？
C 想
用户经常遇到什么样的障碍和困扰，有什么样的梦想和愿望？
D 说
用户经常对什么人群或媒体，表达什么样的感受和立场？
E 感
用户经常在什么样的场景和状态中感觉到尴尬和痛苦？
F 时
用户经常怎样分配工作和生活时间，怎样来消磨时间？
G 空
用户经常在哪些地方出现，那些地方的环境和条件是怎样的？

图1-8　用户画像的来源

第二章

平台型组织

企业确立了自己的宏大事业变革目标后，接下来要考虑的就是如何实现目标的问题，也就是采用何种组织形式将员工组织起来为实现组织目标而努力奋斗的问题。

第一节 移动互联时代倒逼组织模式变革

进入21世纪后，两次信息革命将人类商业文明推进新的纪元。第一次信息革命又称计算机革命，以计算机和互联网的普及为标志。第二次信息革命又称数字革命，以云计算、大数据、智能化为标志，“云、网、端”成为商业的基础设施，为人们呈现一个立体的新商业图景。“云”是指云计算、大数据，这些基础数据的积累和对数据的挖掘成为新商业的基础动力。“网”不仅包括原有的互联网，还拓展到物联网领域，使人与人、人与物、物与物之间的连接增强。“端”是指用户端的个人电脑、移动设备、可穿戴设备、传感器等，它们为用户提供服务的界面，也是数据的来源。

一、移动互联时代的三大特点

两次信息革命推动人类社会从“电气时代”进入“移动互联时代”，这个时代的商业经营有以下几个特点。

(一) 用户至上

用户的需求会随着应用场景的变化而变化，企业只有基于用户的应用情景，发现用户的潜在需求，突破传统思维，才能为用户创造价值。移动互联网最容易颠覆和改造的领域就是过去效率较低的领域。例如，亚马逊或京东在零售领域能为用户带来多、快、好、省的便捷；奈飞在视频领域可以为用户提供即时的影视娱乐服务；优步和滴滴将“人等车”变成了“车等人”。

在传统的经营模式中，产品通常由企业设计、研发，再由消费者买来使用，而在移动互联时代，消费者可以参与产品的设计与研发。因为移动互联网能够帮助企业记录用户行为数据，分析用户需求，与用户进行互动，让用户参与产品的研发成为可能。例如，海尔国际商社的刁云峰通过母婴在线平台“宝宝树”了解了妈妈们的需求，于是搭建了虚拟平台“优知妈咪汇”，与“宝宝树”进行用户资源共享，生产了“恒温调奶器”，并在产品生产之前就获得3万份订单。让用户参与产品的设计与研发便是移动互联时代“用户至上”的体现，这样做有两方面好处：一方面让用户有主人翁的意识，让他们更有成就感；另一方面可以更好地增加用户黏性。

(二) 速度制胜

谷歌董事长埃里克·施密特在《重新定义公司》一书中写道：“变革的脚步正在加快。”通用电气董事长杰夫·伊梅尔特在致股东的一封信上写道：“我们将致力于提高速度。”IBM公司首席执行官金尼·罗姆蒂在2014年接受《财富》杂志采访时说：“速度让我失眠。我说的速度是指改变的速度，向未来进军的速度。”

以电子游戏行业为例，以前流行的是任天堂和索尼主机游戏，主机游戏产业从产品创新、早期玩家尝试、推广、普及、周边产品配套到整个生态形成，要用30年；到了个人电脑时代，10年时间能完成一个周期；而手机游戏兴起之后，整个行业3年就成熟了。

在通信和社交领域更是如此：腾讯QQ从1999年2月推出后，花了将近7年的时间，注册用户数才超过5亿；新浪微博2009年8月推出后，花了不到3年半的时间，注册用户数就超过5亿；腾讯微信从2011年1月推出之后，仅用了2年多的时间，注册用户数已超过5亿，2021年微信的注册用户达9.6亿。然而，迄今为止，中国电信固定电话用户数尚未超过3亿。

2015年7月23日，亚马逊市值正式超越传统零售大鳄沃尔玛，成为世界零售业的新王者。资本市场认为亚马逊比沃尔玛更具竞争力，很重要的原因是亚马逊可以针对用户的反馈及时做出调整。对比之下，沃尔玛做出一个调整，往往要涉及线下流程的改造，时间要漫长得多。亚马逊对速度的追求已经超越人们的想象——早在2013年12月，亚马逊就获得了名为“预期递送”(anticipatory shipping) 的专利，这项专利让该公司运用大数据预测用户需求，能在用户点击“购买”之前就开始递送商品。

在移动互联时代技术的迭代速度加快了，复杂多变的需求和无处不在的竞争使企业必须从以前“先瞄准，再射击”的状态调整到“边射击，边瞄准”的状态，即通过敏捷反应以及高频、高速试错来找到通向成功的方法。

(三) 数据为王

随着大数据技术的发展，很多国家把大数据战略上升为国家战略，并视其为“未来的新石油”。因为大数据技术可以洞察一个城市的运转规律，破解一个城市的管理难题，还可以掌握自然规律，提前预防灾害的发生。在移动互联时代，市场对企业决策的效率、响应的速度、预测的准确性都有了更高的要求，只有那些与时俱进且能充分利用数据价值的企业，才能在市场上抢占先机，赢得利润。比如某通信企业通过对企业内部数据的分析和预测，减少了将近一半的用户流失率；再如中国移动通过大数据技术对企业运营的全业务进行针对性的监控、预警、跟踪，在第一时间捕捉市场变化，再以最快捷的方式推送给指定负责人，使他在最短时间内获知市场行情。

对海量数据的挖掘和运用正在深刻改变着传统的思维模式和工作方式，数据在移动互联时代具有举足轻重的作用，谁拥有数据，谁具有数据分析能力，谁就能在这个时代获得更大的竞争优势。

二、移动互联时代对组织的“三化”要求

移动互联时代对企业的组织形态提出了新的要求，主要表现为以下三点。

(一) 企业员工创客化

在移动互联时代，企业的基层人员在企业团队中发挥着至关重要的作用，他们直接面对产品、用户，了解用户感受，第一时间根据用户的反馈发现问题、解决问题，不断推动问题的实施和完成。每个人都有机会释放自己的创造力和想象力，每个人都有机会实现自己的梦想，都可以借助企业的资源实现自己的价值。

(二) 前线团队小型化

为了发挥人才活力和快速响应用户的需求，组织结构要扁平化。第一，业务团队的成员要少而精，像特种部队一样有战斗力。第二，有强大的中台支撑，随时为团队提供各种补给，帮助团队完成任务。第三，对于企业不擅长的领域，小型团队更灵活，更易与战略伙伴结成盟友关系。

(三) 内部资源市场化

共同的使命、利益分配机制和信息共享机制让组织各个节点有序运作。这种市场化机制让每个小团队都靠自身的业绩说话，就像有一只“看不见的手”，将公司有限的财力和人力配置到最有竞争力的项目。

这就真正实现了“去中心化、扁平化、自组织”的目标。企业似乎变小了，但似乎又变大了，实现了“小前台、大中台”的企业架构。用《经济学人》熊彼特专栏作家伍尔德里奇的话来说，这类企业是“既大又小”。这样一来，市场化机制让员工为自己打工，解决了考核不力的问题。同时，员工(创客们)可以摆脱金字塔型组织的限制，在企业的支持下将自己的创意变成行动。

第二节 企业的两种组织形式

一、金字塔型组织形式

(一) 金字塔型组织的起源

第二次工业革命以后，人类进入了工业大生产时代。工业大生产带来生产上的集约化和规模化，厂商在竞争中取得胜利的秘诀就是降低成本，降低成本的最好方法就是规模化生产。如何提高单品种的供给效率是这一时期组织研究的核心命题。

泰勒的科学管理学应运而生。泰勒主张实行“职能管理”，增加计划层(即管理层)，强调用“建立标准——执行标准”的科学工作方法取代过去的经验工作方法，“用最高的产量取代有限的产量，发挥每个人最大的效率，实现最大的富裕”。而管理层的主要职责是把过去工人通过长期实践积累的大量传统知识、技能和诀窍集中起来，概括形成标准化的规律、守则、公式，在执行层中进行推广。

后来，法约尔进一步提出直线职能制组织模式的概念。在直线职能制下，下级机构向上级机构汇报，受其管理，并受同级部门的指导和监督。针对不同部门间协作需要多次跨越上下级造成效率低下的难题，法约尔创造性地提出了一种员工自行协商、协商不成再向上级汇报的统一指挥链条，即“法约尔跳板”。

韦伯在前人的基础上进一步将直线职能制理论发展为科层制理论。他认为，组织建立在对权力和法规的信念之上，并通过相应的规则来组织活动，具有魅力的个人在组织的领导中发挥重要的作用，并据此建立了一种等级分明的官僚式组织。官僚式组织由三层架构组成：顶端是企业主要负责人，主要职能是决策；中间层是管理人员，负责执行主要负责人的决策；底部是业务人员，主要从事具体的业务工作。韦伯构建的极富官僚主义色彩的科层式组织成为工业大生产时代组织理论的基石，他也因此被称为“组织理论之父”。科层制组织架构如图2-1所示。

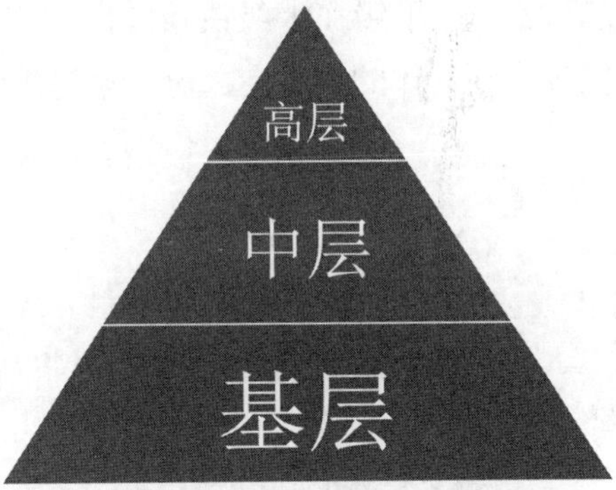

图2-1　科层制组织架构

总体上，这种金字塔型组织是一种集权型、层级制的组织结构。这种组织形态相对忽视个体的价值，着重通过分工的专业化、工序的标准化以及层级的固定化来解决重复作业的效率问题，是一种以标准化指令为核心而形成的组织结构。

(二) 金字塔型组织的弊端

1. 专业分工阻碍创新

工业大生产带来的生产端的集约化与规模化要求企业提高效率，而专业化的分工最能契合企业的需求。所以在金字塔型组织里，每个部门都有部门职责，每个人都有岗位职责。大家都有属于自己的“一亩三分地”，员工各司其职。精细化分工鼓励员工安分守己，按规章制度办事。由于资源集中在管理层手中，普通员工只能像螺丝钉一样重复运转，服从上级的命令，遵守公司的规章制度，失去了主动思考和求新求变的动力。这种工作环境容易给一些有想法、有激情的员工带来挫折，让他们不愿意在企业中磨灭自己的理想。

分工的难度不在于界定每个角色做什么，而在于界定每个角色在各种情况下做什么，只要能够找到没有完成工作的理由，职责就不算划分清楚。而这种“交叉职责”很可能落在某个部门，如果有部门第一次做了这件事情，就等于永久认领了这项工作。为了避免“惹事”，面对交叉职责的工作，所有部门都会往后退，尽量撇清责任。当企业要求部门认领这件任务的时候，现场就会变成辩论现场，如果没有文件可依，又没有客观公正的第三方，那么“部门墙”一定会形成。一旦“部门墙”形成，连正常的工作任务都无法得以很好地开展与执行，“创新”就更成为一种奢望了。

2. 层级管理导致企业反应缓慢

金字塔型组织强调管理幅度，一旦部门或者项目小组所属人员超过管理幅度，就会增加层级。企业原本的设想是，通过强调管理幅度，赋能每个层级的管理者，以便让他们能在专业分工之后形成控制和监督的“链条”。因此，上下级之间有明确的授权界限，上级负责重要事宜决策(如某领域顶层战略设计)，下级在上级决策方向和工作结果的基础上，负责次重要事宜，以此类推，直到将任务落到具体的行动上。金字塔型组织细化的形式如图2-2所示。

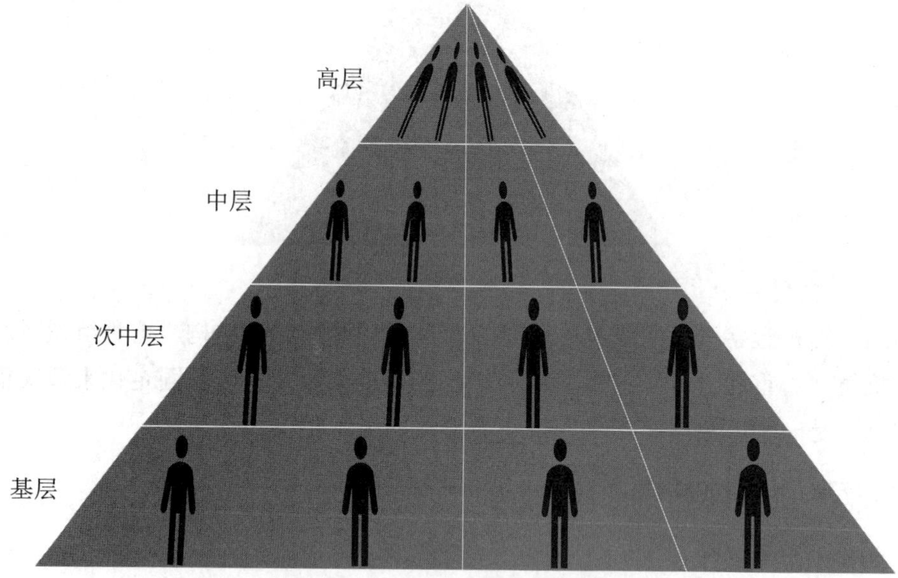

图2-2　金字塔型组织细化的形式

但是实际情况是由于分工过细，层级过多，导致上下级沟通不畅，信息传递不上来，任务落实不下去，甚至出现“隔热层”。大多数下属会用“反授权”的方式消极应对，把一件简单的工作任务分成好几次跟上级沟通，俗称“早请示，晚汇报”，在发生问题时，方便推卸责任。这种风气在厂商霸权的时代是没有太多问题的，但是在移动互联时代，在面对外部竞争对手或用户需求快速变化时，就显得非常迟钝和低效。不管是开发新产品还是调整新的方案，如果都需要取得多个层级的批准，则可能导致企业永远落在竞争对手后面，从而被市场淘汰。

3. 权力集中催生唯上文化

在金字塔型组织里面，由于层级设置和专业分工，企业的中高层管理团队掌握着权力和资源，而这些权力和资源直接影响着员工的“升官发财”，所以在企业里容易滋生出唯上文化，部门之间也为了赢得上级的垂青而相互争功。而唯上文化更加促使管理者不愿意放权。管理者不愿意放权，一方面是因为上级迷恋权力，权力带来的掌控感给人以安全感；另一方面是因为上级不信任下属，不敢放权，什么事情都要亲力亲为。

也许，在企业创业之初，企业的创始人和高管团队掌握着资源和信息优势，能够在激烈的竞争中取得一席之地。但是无数的事实告诉我们，随着企业变大和市场不断变复杂，高层管理者可能出现“盲点”，影响企业的持续发展。权力集中容易成为企业的桎梏，企业过度依赖甚至神话高管，也容易导致员工逐渐缺乏独立思考的习惯。

以上这些，都是所谓的“大企业病”，但是这些现象并不仅仅出现在“大企业”，很多体量不大的企业也提前出现了这些症状，这是由金字塔型组织的底层逻辑决定的。

从横向看，分工太细导致跨部门协作成为常态，没法像小企业那样敏捷。从纵向看，层层审批的制度磨灭了员工的激情，“唯上管理”无法激励创新。

(三) 金字塔型组织的改良

随着全球化的逐步发展和工业化的深入，企业渐渐发现了金字塔型组织的弊端，于是，人们开始对金字塔型组织进行改良。

1. 事业部制

金字塔型组织通过分工的专业化和工序的标准化来解决重复作业的效率问题。在刚刚进入工业大生产时金字塔型组织是能够满足需求的，但是随着市场的逐渐成熟，出现了多元化产品，市场上出现了多品牌运营商以及解决方案提供商。

此时，企业一方面致力于不断拓展市场，以扩大商品销售规模；另一方面开始生产和销售多种商品。扩大商品销售规模，就要求企业在远离总部的地域设立分支机构来复制总部的部分甚至全部职能；生产和销售多种商品，就会导致过去强调专业分工的封闭式垂直组织开始内部裂变，在不同的商品品种事业领域都形成类似的职能部门体系。于是，人们尝试按企业的产出将业务活动组合起来，成立专业化的业务经营管理部门，即形成事业部制或子公司制。事业部可以按产品、地区、顾客分设，在企业宏观领导下拥有部分经营自主权，实现独立经营、独立核算，既是受公司控制的利润中心，具有利润生产和经营管理职能，又是产品责任单位或市场责任单位，对产品设计、生产制造及销售活动负有统一领导职责。

"事业部制"组织结构的重要意义在于塑造了一种分层治理体系，企业的最高领导层能够集中精力于研究和制定关于企业发展的各种经营战略和方针，最大限度地将业务权限和管理权限下放到事业部，使它们能够依据企业的经营目标和方针实现自主经营，充分发挥各自的专业性和主动性。但是企业和事业部的内部仍然采用直线职能制结构，以保障专业分工下的高效率。此结构仍然没有摆脱专业分工和层级管理的底层逻辑，没有办法从根本上满足数字化、快节奏、柔性化的时代需求。

2. 矩阵制

人们发现各个子业务虽然拥有独立运营的必要性和空间，但是它们之间还存在着某种协同性。比如，多品牌运营商的各品牌业务在研发和品牌营销环节是独立的，却可能共用同一个供应体系或渠道网络；解决方案提供商各子业务之间的采购是独立的，但在销售和服务端却能实现协同。单一的直线职能制不能实现各业务的专业性，彻底的事业部制又扼杀了它们之间的协同效应，于是，人们创造性地对金字塔型组织进行再次改良，提出了"矩阵制"组织结构。

"矩阵制"组织结构又称规划目标结构，是把专业职能部门和业务(产品、服务、项目等)部门结合起来形成横纵向双线协调沟通的组织结构。"矩阵制"组织结构中的个体既与专业职能部门保持组织与业务上的联系，又参加业务或项目小组的工作。职能部门是固定的组织，项目小组既可能是固定的业务组织，也可能是为特定任务而形成的临时性小组。

"矩阵制"组织结构在纵向职能专业化的同时实现了横向业务的专业化。它改进了直线职能制和事业部制强调垂直管理而缺乏横向沟通的缺陷，有利于打破"部门墙"，提高企业内业务与业务、业务与职能部门以及个体之间的信息交流和协同工作的效率。但是因为这种模式产生的能动性不足，其组织内部高度复杂，组织的刚性特征往往表现得更加突出，同样无法应对数字化背景下的竞争。

3. 流程制

随着企业业务的多样化和外部环境的根本性变革，以专业分工和精细管理为导向的直线职能制以及在其基础上改良形成的事业部制开始暴露出新的问题，即等级分明、层层分权的模式无法真正对市场需求做出快速反应。即使是"矩阵制"组织结构的工作范式依然是向上级汇报，很少站在用户的立场变革企业的业务模式或业务运行流程。于是"流程再造"披着拯救金字塔型组织的霞光横空出世。

1990年，麻省理工学院计算机学教授兼电气工程师迈克尔·哈默在《哈佛商业评论》发表了一篇名为《企业再造：不要自动化，要裁撤》的文章。1993年，哈默和CSC指数公司创始人詹姆斯·钱皮(J. Champy)联合出版了《企业再造》一书，掀起"再造"高潮。

哈默认为人们过去一直遵循专业分工的思想来建立和管理企业，但如今应该以专业分工为基础将这些职能重新组合到首尾一贯的工作流程中去。“流程再造”主张人们应当彻底改变传统，按照专业分工原则，把一项完整的工作切分成不同部分，由各个相对独立的部门依次进行工作。“流程再造”弱化了官僚化组织下的上级权威，因为组织中个体工作的唯一目标是让用户满意，而不是让上级满意。

一方面，流程再造把所有工作节点串联到一起，并为这些节点设置高于上下级关系的“至高权力”，打破了上下级之间界限；另一方面，这种方法去除了不能为用户创造价值的节点，合并某些极度细分的工作，从而使流程精简化，打破了“部门墙”。在此基础上，对于流程的考核得以下沉到每个节点，每个节点的处理速度和处理结果都成为考核对象。由此，每个节点为了撇清责任(速度、质量、数量的责任)，都会尽快完成任务，再向下游“交割”，把责任推出去，流程就可以快速运转。

流程再造虽然能使部分未尽的责任细化，但其能够明确的大部分责任都是已知状况，本质上还是以领导为中心，所以流程型组织依然难以约束不确定状况下的各层负责人的投机行为，甚至合谋行为。我们不能否认流程再造的“威力”，对于交付标准确定的业务，流程再造能够打造企业管理的基础，但是无法冲破职能模式下的固化结构和等级。

我们寄予厚望的若干模式曾一度有效，但金字塔型组织“以领导为中心”的死穴却让它们最终无功而返。互联网时代让其弊端暴露无遗，我们避无可避，颠覆金字塔型组织势在必行！

二、平台型组织形式

中国蓬勃发展的数字化技术为企业家们面向未来的想象力插上了翅膀，一些嗅觉敏锐、目光长远的企业家进行了组织模式的探索——平台型组织横空出世。

(一) 平台型组织的定义

简单来说，平台型组织是企业为了应对高度复杂的市场需求、不稳定的竞争和知识型员工日益增长的自主管理需要，充分利用高度透明的数据化治理技术，将大公司专业资源集聚的规模优势和小公司敏捷灵活的应变优势进行集成的开放型组织模式。

(二) 平台型组织的构件

为了同时实现资源规模聚集和柔性应变，平台型组织将逐渐形成以前台业务先锋(或创业体)、中台资源洼地和平台治理中枢为基本架构的组织模式。

1. 前台业务先锋

前台业务先锋是平台型组织应对市场竞争和满足用户需求的核心。在平台治理中枢的战略引导下，前台业务先锋能够充分调用中台的资源和能力模块，以高度扁平化的多职能混合作战小组的模式，表现出极强的专业竞争力和高度的市场敏感度。这一点与传统组织层层受控和亦步亦趋的一线执行团队有着天壤之别。

华为铁三角，就是通过建立基于铁三角的虚拟项目管理团队，有效实现了市场突破，具体如图2-3所示。

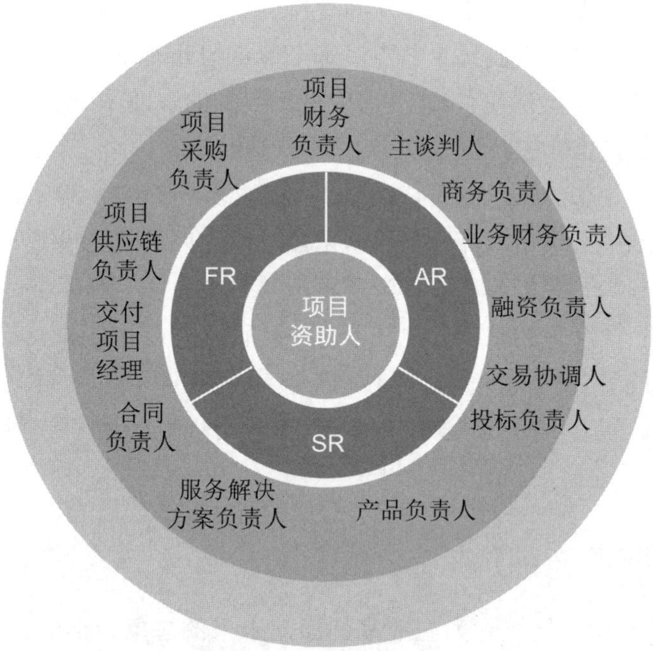

图2-3 铁三角项目管理团队构成体系

图片来源：平台型组织的中国进化：64字关键特征与12大案例深度剖析[EB/OL]. https://news.hexun.com/2019-11-22/199377116.html.

铁三角核心组成成员是AR(客户经理)、SR(产品/服务解决方案经理)、FR(交付管理和订单履行经理)。为了有效整合资源，公司内部为铁三角设置了项目赞助人。项目赞助人是联系特定项目的公司高级领导，同时还有支撑性功能岗位成员，包括资金经理(信用经理)、应收专员、开票专员、税务经理、网规经理、法务专员、公共关系(PR)专员、研发经理、营销经理、物流专员、采购履行专员、合同/PO专员、综合评审人等。

同时，铁三角组织模式还设置了三种保障措施。

第一种，机制保障：以规则的确定来应对结果的不确定。构建面向用户、端到端的主价值链流程，并明确各流程使命、价值定位、权力框架、职责边界、目标和交付结果，以及流程间的关联关系和协同机制。同时设计例外弹出机制，确保面临紧急、临时性业务时也能高效处理，快速决策。

第二种，人才保障：打赢班长人才战。明确“班长”素质、能力要求，使其多专多能，在处理常规型、确定性的业务时，可以根据作战场景和规定动作快速应对和解决；而在处理突发型、不确定性的业务时，可以运用其权力、资源和支撑平台准确定位，实现自我决策。

第三种，平台保障：后台支撑前端。构建打赢“班长的战争”的作战平台，系统整合责任、权力、组织、资源、能力、流程和IT信息系统，使其高度集成。将作战指挥权充分授予一线，资源也供一线随时调用，并协助一线构建面向作战角色和场景的流程，支撑“班长”实现“任务式指挥”。

除了华为“铁三角”以外，韩都衣舍的“小组制”，海尔的“小微+创客”，谷歌的“合弄制”，腾讯的“FT团队”都是基于客户导向的敏捷性前端组织，都是通过结构、人员、流程、权力、技术等模块的整合完善，使企业具有持续发展和变革的能力。

2. 中台资源洼地

中台资源洼地是企业内外部资源的集聚和标准化模块化平台。不同于传统企业肩负监督和管控职责的职能部门，平台型组织将更多地赋权赋能于前台业务先锋，中台体系主要负责内外部资源整合、基础技术攻关和提供一些整合性服务，中台体系的责任在于根据平台的未来使命和目标，不断扩大和提升企业的资源能力，以形成资源洼地，并将资源能力池进行标准化和模块化改造，以备前台随时调用。

早期阿里巴巴的内部各个业务部门都有自己专属的业务、市场、产品人员，随着规模不断壮大，业务部门内提供基础支持的工作可能会重复(例如两个相互独立的业务部门同时开发应用程序，两个团队很可能同时开发同样的功能，重复同样的技术问题，同时写差不多的代码)，信息不能共享，导致资源被浪费。并且，在开发的过程中，各业务团队水平参差不齐，单位协同性不够，难以形成企业合力。

2009年，阿里巴巴共享事业部应运而生。阿里巴巴集团在组织架构上单独成立了一个与淘宝、天猫同样级别的事业部——共享事业部，将两套电商平台中公共的、通用的业务工程沉淀到共享事业部。

2010年，阿里巴巴集团要求天猫、淘宝、1688三大平台必须通过共享事业部才可与其他平台进行业务对接。这一举措奠定了阿里巴巴集团的核心业务平台，即形成了“厚平台、薄应用”的架构形态。

阿里巴巴集团前端超过25个业务单元均不是独立地构建在阿里云的云平台之上，而是构建在共享事业部之上。在后端阿里云技术平台和前端业务之间的“共享事业部”，将阿里巴巴集团前端业务中公共、通用的业务沉淀，为各种前端业务提供相应服务中心领域内最为专业、稳定的业务服务。阿里巴巴内部每个业务部门都有公司层面的支持，真正做到了信息能共享，资源更集约，每个业务团队都能享受到高水平的技术、数据、产品等方面的服务。

2015年年底，阿里巴巴集团对外宣布全面启动阿里巴巴中台战略，构建符合数据处理技术时代的更具创新性、灵活性的“大中台、小前台”的组织机制和业务机制，即作为前台的一线业务会更敏捷、更快速适应瞬息万变的市场，而中台将集合整个集团的运营数据能力、产品技术能力，对各前台业务形成强力支撑。

3. 平台治理中枢

平台作为平台型组织的治理中枢，主要作用在于明确平台存在的意义和目标，确定平台间中台和前台、前台业务先锋之间和中台各组成部分间的协调和交易规则，并作为平台使命的受托者扮演平台“守夜人”的角色。

(1) 明确平台存在的使命和目的。平台核心治理层的首要使命在于为整个组织构建高度清晰而又具有弹性的战略，即明确平台存在的意义与未来目标。只有在方向和意义上建立广泛的共识，作为一种离散型组织的平台型企业才能体现其无形的凝聚力。

在对小米公司模式的研究中，生态链是一个特殊的研究课题。小米公司以“始终坚持做感动人心、价格厚道的好产品”为使命，从而形成了强大的竞争力。小米公司通过开放化的平台投资形成了生机勃勃的小米生态链。“用投资的方式，找最牛的团队，用小米的平台和资源，帮助企业做出最好的产品，迅速地布局互联网。”这是小米生态链的核心。而在打造生态链的过程中，小米主要通过对使命和价值观的考察和管控保证了生态链的一致性，对生态链伙伴采取参股而不控股的模式，因而小米的所有生态链企业都是具有独立产权的。

(2) 重构平台的运行规则。平台型组织抛弃了传统科层企业以中心权威为核心的资源分配逻辑和治理理念，因此需要基于产业特性和企业发展阶段，以一线业务先锋为龙头，以市场化逻辑为指导原则，重构平台内部的资源配置逻辑和治理框架。平台治理层的另一项核心工作在于设计并不断改进平台内部的治理规则，使得平台的运作既能激发一线业务先锋的活力和敏捷度，又具有企业方向感和面向未来的发展能力。

平台组织是去权威的，平台和分布式自主经营体之间按照规则进行独立核算，通过规则使相关部门员工实现从“让我干”到“我要干”的转变。

案例：海尔的“人单合一”

2010年，海尔将传统金字塔型的“正三角”组织结构重组为“倒三角”结构，重组成三个级别、合计2000多个自主经营体。此外，引入市场机制的自主经营体被赋予了决策权、用人权和分配权，自主经营体之间通过包销合同运作，纵向之间通过服务协议运作，并且通过“抢单”“官兵互选”“鲶鱼”等机制促进资源的优化配置。

2014年底，海尔在不断进行实践探索的过程中形成了小微平台组织形式。在海尔大平台上存在许多小微企业，这些小微企业独立运营，自负盈亏，享有三权(决策权、用人权和分配权)。小微企业与平台之间完全打破了传统企业的等级和指挥关系，形成了全新的市场结算关系，引入了对赌协议激励、二维矩阵考核等机制。

海尔搭建了众创汇、海创汇、HOPE平台、U+智慧家庭平台、物流体验平台等七大平台。

正是靠自驱动的规则，截至2016年底，海尔平台上已经有15家创新创业基地，整合全社会3600家创业企业、1333家风险投资机构、120亿元创投基金，与开放的创业服务组织合作共建了108家孵化器企业。海尔平台上有200多个创业小微、3800多个节点小微和上百万微店正在努力实践着资本和人力的社会化，有超过100个小微年营业收入过亿元，35个小微已进行融资，其中16个小微估值过亿元，海尔的生态模式已基本成型。

资料来源：和讯名家. 平台型组织的中国进化：64字关键特征与12大案例深度剖析[EB/OL]. (2019-11-22)[2020-10-8]. https://news.hexun.com/2019-11-22/199377116.html.

第三节　打造平台型组织的路径

一、贯彻“以用户为中心”的理念

“以用户为中心”意味着企业的所有活动全部基于用户的需求而发起。用张瑞敏的话来说就是“任何不基于用户交互而发起的生产都应该被叫停”，言下之意，没有基于用户需求而盲目生产的产品都可能变成滞销的库存。用任正非的话来说就是企业应该致力于实现“端对端”的交付，即从用户端获得需求，再由组织交付给用户端。但是如何才能做到“以用户为中心”呢？主要从以下几个方面入手。

(一) 要倾听用户的需求

“以用户为中心”要认真去倾听、观察，而不是霸道地发问。当企业不具备接触到真实用户的条件时，一定不要采用所谓的“抽样”方法让调查人员在设定好的情境中扮演用户。因为无论如何设计都不能够模拟出用户的心态，得到的结果自然是错误的。一个典型的场景是，企业喜欢问用户“如果这样做你们会不会喜欢”，用户往往会回答“不错呀”。但回到现实中，他们会发现企业提供的产品根本没有使用的场景。例如，有人想做一个建筑互联网的产品，他们希望建立一个能够帮助民工找活、帮助建筑企业找人的平台。在进行调研时，如果问民工(用户)：“如果有一款应用程序可以帮助你们接活，就像滴滴打车一样，你们愿意使用吗？”民工们当然回答：“不错呀。”但回到现实中，民工们依然会通过线下的人际关系找工作，而且他们根本不愁接不到活。此时，企业应该去寻找“用户需求的痕迹”。例如，有的互联网公司会在不告知测试用户的情况下，邀请用户使用试用版的应用程序，并进行摄像监控，以便发现哪些设计可能误导用户。再如，海尔雷神游戏笔记本的开发者在产品设计之初曾经仔细阅读并分析了京东、天猫上对于同类产品的3万多条用户中差评，从而发现了真实的用户需求。

(二) 要成为用户的朋友

“以用户为中心”要设计一种能够与用户平等交流的应用程序。正如普拉哈拉德在《消费者王朝》中提到的：“2000年之后，企业的竞争力将来自消费者社区。”这意味着，企业为了获得用户的真实需求，必须建立社区，与用户形成更紧密的关系。此时，用户变成了企业的资产，企业得以获取用户的终身价值。

其实，除非产品的开发者与用户有共同话题，否则他们很难成为用户的朋友。例如雷神的开发者是三个“85后”，他们本来就是游戏迷，所以才能和游戏迷们用同样的语境交流，得出游戏玩家的真实需求。互联网时代，用户都属于某一个细分群体，每个群体有每个群体的共同语言。而作为同一社群的人，本身具有亲密感和信任感，无论是企业自建论坛、微信群、QQ群，还是让他们加入其他社群，都能够获得有效的互动结果。

(三) 要把自己变成用户的一部分(与用户建立共同体)

“以用户为中心”要把自己变成用户的一部分，也就是通过数据感知用户需求的变化。此时，用户根本感觉不到有人在观察自己，但他们的需求却尽在企业的掌握中。例如，当用户使用电商应用程序，就会有数据沉淀在平台上，企业得以推断其偏好，并推送相应的产品广告，根本不用用户主动寻找产品。再如，卖轴承的企业在产品上加载传感器，当数据显示某个产品明天会过期，今天备件就已经在路上了，用户根本不用调货，也不用提前备货。

(四) 对用户需求进行合理取舍

用户的需求是无限多样的，而企业的资源却是有限的，如何调动企业资源最大限度地满足用户需求是一门学问。所以，企业要结合自身的资源与能力对用户需求进行取舍。

1. 明确需求的规模

有的需求虽然是真实的，但这种需求不是用户的共同需求，不具有普遍性，或者说这种需求的规模不足以支撑一个商业模式。企业要警惕被部分用户的需求所迷惑，误以为有广阔的市场空间。产生这种误解的原因是，企业中参与用户交互的一部分人往往对此类用户需求印象深刻，过于乐观，从而放大了这部分需求。互联网创业大潮中，无数的手机应用程序就是这样冒出来的。因此企业要与更大范围的用户进行互动交流，参与互动交流的人越多，就越能够看出是否存在需求的“有效规模”。

2. 厘清需求的等级

有的需求虽然是共同需求，但并非用户需求的“痛点”，而是“痒点”。“痛点”和“痒点”的区别在于，“痒点”带来的体验感的边际效用是递减的，“痛点”带来的体验感的边际效用是稳定的。例如，马佳佳能够用“抖机灵”的方式把用户逗乐，甚至形成全网传播，但就是无法让用户持续购买，本质上也是因为这种营销方式满足的是用户的“痒点”而不是“痛点”。所以，与其投入这么多的心思来抖机灵，还不如花时间和精力做出好产品。再比如，黄太吉的美女老板娘开奔驰车上门送煎饼果子，这种戏剧性的反差绝对会让人忍不住发微博。但是，如果以后企业营销还采用这种招数，用户就便不会觉得新奇。可见，真正满足用户“痛点”的产品，才具有持续吸引力，才是好产品。

3. 考量需求实现的可能性

用户的需求多种多样，有的用户需求标准很高，愿意支付高溢价；有的用户需求标准很低，想要获得低价格。表面上看，满足哪类用户的需求是战略选择的问题，即做差异化还是低成本产品的问题。但现实往往更加复杂，企业拥有的资源是有限的，企业能够整合的资源也是有限的，所以对于用户需求一定要有取舍，要结合“用户痛点”“企业现有资源状况”“需求规模”“企业自身优势”“短期内精力”等多方面进行综合考量。

二、盘活资源池

企业的资源池是平台型组织的中台，为企业在多变的市场竞争中提供坚实的后盾。首先，它本身就是一个极具规模优势且高度专业化的大平台，具有强大的“造血”功能，可以为前端的业务先锋提供优质的支持性资源。其次，资源池是高度开放的，在不断强化自身“造血”功能的基础上，还与一些外部资源平台建立稳定连接，使这些“盟友”聚集在它的周围，成为它的外部“血袋”，如有需要，便可以及时调用，共同为业务先锋“供血”。另外，它不仅仅在从外部吸取资源这一方面持开放态度，对于“供血”对象的选择同样不会只局限于企业内部，只要能力允许，便可以主动从外部接受任务。例如，京东的物流体系已对社会开放。

“兵马未动，粮草先行。”无论是古代战争还是现代战争，后勤保障都至关重要。中台就是平台型组织的后勤总部。拥有一个强大的中台才有畅想未来的底气，创业生态的蓬勃发展才有实现的可能。

一般情况下，我们将中台的资源池分为4个基础模块：资本资源池、人力资本资源池、大数据资源池、业务价值链资源池。这4个模块各司其职，共同打造一个强大的后勤总部。正常来说，当企业能够构建平台型组织的时候，在这4个模块都有了一定的规模。那么，当企业已经明确了用户需求时，怎样盘活现有资源更好地为用户服务呢？我们从以下几个方面着手。

(一) 在“机制”上盘活内部资源

这意味着企业应该赋予资源方经营的动力。具体来说，一方面，应该将分配权、用人权、决策权下放给资源方；另一方面，应该赋予资源方经营的风险和收益。互联网化的组织结构中，交互用户的部门都拥有很大的权力，他们手握考核权，负责分配，而其他部门资源则由他们来调配。例如，海尔交互用户的部门以前叫(产品)型号经营体，现在则叫用户小微，他们负责组织研发、采购、生产、销售、服务等资源方(即节点小微)，通过谈判确定各自分配比例。再如，华为消费者事业群(主要产品是手机)交互用户的部门是产品部门，他们负责在职能部门、平台部门和销售部门之间分配“奖金分”，而“奖金分”乘以集团下发的“奖金包”就等于实际收入。只有这样，资源方才不会紧盯预算包和关键绩效指标，掉入本位主义的陷阱，才会主动去寻找市场的机会，才会配合交互用户的部门去为用户提供解决方案。也只有这样，资源方才会在本地资源不足时主动引入外部资源。道理很简单，如果他们的资源不能满足交互用户的需要，他们就会被放弃。

(二) 在“接口”上导入外部资源

当企业发展到一定阶段，本地资源显然已经不能满足用户需求，这就需要利用外部资源。换句话说，在企业发展的过程中，资源永远是不够用的。因为，好的资源可以带来更大的市场空间，而更大的市场空间，又必然需要更多的资源。显然，能够更有效率地取得资源的企业将具备更大的竞争筹码。所以，企业一旦从一个重度垂直的小市场跳出来，就需要有一些资源的“接口部门”。阿里的物流接口部、海尔的海达源都是这类“接口部门”。这就是在用“大资源”换取“大资源”，相当于企业与企业交易(B2B)的“拼单”。但是，要实现这种交换，企业必须有相应的“底气”，这就是自身的优势资源(对对方有价值的)。例如，海尔的海达源是一个供应商平台，会对外连接诸多的供应商，并汇总海尔各个产品型号的采购需求进行谈判，获得最具优势的集采价格、付款条件和其他条款。这里，海尔庞大的生产体系能够释放巨大的采购需求，本来就是一种优势资源。这样一来，负责相应产品型号的用户小微就可以直接到这个平台上去获取资源。只不过，这类接口部门只有把资源上传到平台上的权限，而不能强制要求用户小微必须使用。换言之，如果资源的价格和其他条件不具备优势，也会被用户小微放弃。

(三) 对资源进行积木化组合

平台型组织的规模优势和高度专业化一直备受推崇，但是如果这种规模优势和高度专业化无法使资源池灵活、敏捷地响应业务先锋的需要，那么规模优势不过是变相地削减成本，高度的专业化水平也只是纸上谈兵式的自我陶醉。如果能将资源模块的功能细化成一个个小的“积木块”，各业务先锋可以根据自己的需要快速抓取不同的“积木块”，以形成专属于自己的个性化的解决方案，灵活与敏捷就在“积木块”多种多样的组合变化中得以实现。

案例：京东的积木型组织变革

刘强东在2018年1月11日的内部邮件中说：为了服务于用户多变的需求和开放的生态体系，京东的组织需要变得更为灵活、敏捷，成为积木型的组织。对于积木型组织，刘强东给出的解释是：业务单元和各个模块需要像积木一样可以灵活拼接、叠加，满足内外部用户不同的偏好和需求。

京东的“开普勒项目”就是建立在对各个业务活动组件化的基础上的。京东将电商、物流、客服、交易、数据、选品等业务环节API化(一个软件或服务对外提供的接口，别人只需要调用这个接口)后组装起来，提供给流量端。流量端可以根据自己的不同情况选择部分或全部组件，通过导购、入驻、买断等方式接入京东的电商服务。

资料来源：徐雷. 这是一次京东所有能力的开放[EB/OL]. (2018-05-01)[2020-07-28]. https://www.sohu.com/a/72812456_358836.

积木化就是要在中台各模块内部将可以区分的资源和功能一一打包，最终达成“合则全盘调动，分则独立运营”的组织状态。每一个小积木块都是一个应用端口，可以直接与业务先锋对接。平台积木化的组织能够为业务先锋在调用平台资源和服务时提供便利。组织积木化之后，业务先锋可以根据自身需要直接从中台调用相关的资源或服务，自行组合出一套定制化的解决方案。需要注意的是，一旦组织积木化之后，随着业务先锋的新建、分裂、清算等，中台各模块的“积木块”可以比较容易地做出相应调整，例如，解散闲置的“积木块”，改良现有的“积木块”，并添加新的“积木块”，这样可以将中台的资源浪费减到较低水平，也可以及时实现中台功能的优化升级，减少中台的资源和服务供给与业务先锋的需求无法很好匹配的现象。

三、打造小而优的高效业务团队

业务团队是负责企业核心自营业务的团队，应按照业务逻辑或行业特点进行整合，并按照行业特性和发展(孵化、成长、成熟等)周期进行差异化管理。

(一) 高效业务团队的特征

1. 可虚拟化也可实体化

如果业务是阶段性的或临时性的，业务小团队的形式可能是一个虚拟项目组(如华为的项目组)或者互联网行业常见的特性团队(feature team)，它们都是以项目组的形式体现的，在任务结束的时候人员将回归到原有部门或参与到新的项目中。如果业务是长期稳定的，业务团队的形式可能是一个部门或独立公司，如海尔的自主经营体及小微企业。

在传统开发模式下，用户需求开发经历分析、设计、开发、测试4个环节，每个环节都要形成技术文档后，再传递到下一个环节，各个步骤之间有明显的等待时间，且各个环节的员工对任务而不是对产品负责，导致员工的责任感相对较弱。

而在敏捷开发的模式下，用户需求将首先被分解为不同的特性，围绕每个特性而形成小组，单个小组将横跨多个职能角色(如设计、开发、测试等)，相对独立且目标清晰，对内注重团队合作，对外注重结果交付，这种小团队的方式可以很好地调动责任心和主动性，可以更好地对结果负责。互联网企业中流行的特性团队就是一种以终端特性交付为目的来组队的，伴随敏捷开发模式而得到推广。

两种开发模式对比如图2-4所示。

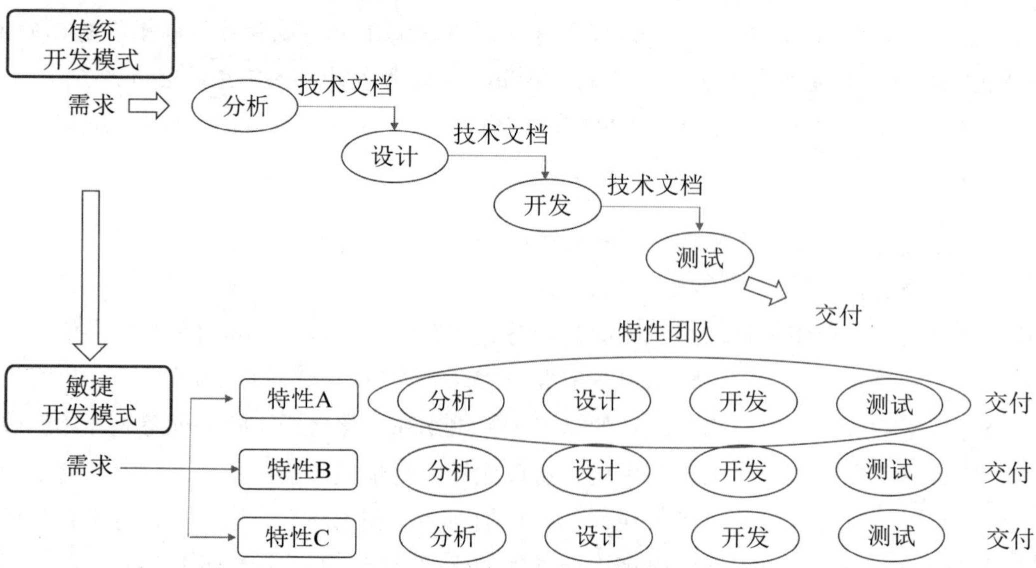

图2-4 传统开发模式到敏捷开发模式

2. “小而全”的闭环

业务团队的业务功能要做到小而全，以减少跨部门协调对效率的损耗。闭环运作可以提高速度。在奈飞，除非为了目标和战略合作，否则很少召开跨职能会议，他们相信团队的战术动作，认为不需预演或审批的行动才能发挥最大作用。想象一下，如果特种部队事事都需要协调和汇报，必然会贻误战机。

在不同的业务场景下，需要实行闭环管理的职位不同。华为的铁三角中，实行闭环管理的职位是客户经理(AR)、产品/服务解决方案经理(SR)、交付管理和订单履行经理(FR)。而在脸书的特性小组中，实行闭环管理的职位是工程师、产品经理和设计师等。

案例：脸书的特性小组

脸书的特性小组有三个成员，一个是工程师，一个是产品经理，还有一个是设计师。这三个人经常在一起讨论究竟做什么功能、做成什么样、可行性有多大、做成这样要多长时间等问题。对于产品最终的呈现形态的讨论，主导权在设计师，但是其他人完全可以自由提意见，工程师要是不喜欢做出来的样子，就会提出想改进的地方，让设计师重新修改一个版本。产品经理大多时候在想有哪些用户可能会用做出来的这些功能，这些功能究竟有没有意义，这些功能对于产品来说是否重要，等等。他们在这过程中可能会发生争吵，但最后都会互相妥协，互相认同彼此的专业和强项，达成一个让人兴奋、让人期待的方案。所有定稿的方案，都是当时团队尽力能想到的最好方案，然后通过数据的反馈继续改进。

为了保持小团队高效运作，脸书设定了如下运作规则。

(1) 去掉审批流程。

(2) 底层的代码可以更改，客观划分系统的边界以做好监控。更改后，如出现问题可以很快判断问题在哪里，以技术的方式避免扯皮。

(3) 加强沟通，每天都有站立会议，沟通简单明了，速战速决。

(4) 公司小组内部强调多元化，反对帮派。

(5) 组织强调扁平，无论头衔如何，运作中更多按项目角色来汇报。

资料来源：杨国安，李晓红. 变革的基因[M]. 北京：中信出版社，2017：144-145.

3. “两个披萨”原则

业务团队要对人数有相对严格的要求，人数控制在6～10个为宜。亚马逊首席执行官贝索斯认为：“如果两个披萨都喂不饱一个团队，那就说明这个团队过于庞大了。”因为人数过多的项目会议将不利于决策的形成，而一个小团队在一起做项目、开会讨论，更有利于达成共识，并能够有效促进企业内部的创新。由于团队太大，成员之间无法深入沟通，结果容易导致推脱责任，最终让项目陷入停顿状态或遭遇彻底失败。

案例：Supercell，小而优的“超级细胞”

Supercell是一家总部位于芬兰赫尔辛基的移动游戏开发商。据Supercell官网显示，在2014年，其收入登顶全球手游收入榜。其“部落冲突”“卡通农场”“海岛奇兵”三款游戏在各方面排名都位列全球前十。

“Supercell”的名字可以拆解成“super+cell”，cell就是小团队的意思。从名字可以看出，这家公司信奉一种可以发挥小团队超级威力的组织模式。每一个团队成为一个细胞，每一款游戏由一个独立的细胞负责，每个细胞完全控制自己的研发进度。创始人和管理团队的唯一目标就是为每一个职位招聘最优秀的人才，为他们创造尽可能好的工作环境，然后任其施展才华。公司的模式只为了速度和热情而优化，而不是为了控制。在这样小而优的环境中，是不会存在官僚主义的。这样，最优秀的人才有可能做出最大的贡献，而且没有什么可以阻拦他们创新。其他的事情，包括经济收入在内，都是次要的。

资料来源：埃卡·潘纳宁. Supercell官方自传[EB/OL]. Supercell官网.

4. 责、权、利对等

业务团队不同于金字塔型组织中的销售部门，也与阿米巴小组不同。业务团队主导产品线或分类市场的具体运作，并且享有所负责产品线或分类市场的利润分成。所以，驱动业务团队不断成长的不是严格的考核，而是经营团队与平台休戚与共的利益捆绑，对业务团队实现责、权、利的对等。

(1) 责：尽量完整地独立核算。核算对象可以是营业收入、成本、利润等，也可以是体现用户是否喜爱一款产品的留存率、活跃度等指标。例如，Supercell的小团队要对游戏产品的留存率和沉浸感等客观数据负责。业务产品的客观数据将决定该产品的发展前景，而不是让团队找种种借口使该产品勉强维持。

(2) 权：对业务团队适度授权。按业务团队的表现适度授权，包括人、财、事。如果团队有可靠的业绩纪录，就可以加大授权；如果经过足够时间的检验，发现这个团队无法胜任，就要收回权限。

(3) 利：奖金与业务结果直接挂钩。对于可以短期见效、相对成熟的业务，业务团队的奖金激励最好与自己团队核算出来的业务结果直接挂钩，挂钩方法要参考行业特点，做到清晰、可预期，甚至可以像创业投资一样拿数据来衡量。而对于需要长远投资的业务，我们仍然建议要核算，因为核算有助于团队找到改进方向，同时要结合长期的激励手段(如晋升、股权等)。

案例：韩都衣舍责、权、利对称的“蚂蚁军团”

韩都衣舍成立于2008年，是国内领先的互联网服饰集团，2012—2015年连续4年位居国内女装行业企业销售额第一名，2015年“双十一”期间，韩都衣舍的销售额为2.84亿元。

韩都衣舍每年发布几万个自有品牌的新款服装，这极大地考验了它的应变能力。为此，它在内部实行了鼓励员工自发创新的产品小组制，成立了280个产品小组。这些产品小组又被称为“蚂蚁军团”。每个产品小组由设计师(选款师)、页面制作专员、货品管理专员三个角色组成。

产品小组独立核算，根据销售额、毛利率、库存周转率等指标，每天进行业绩排名。产品小组拥有很大的自主权，比如公司只规定最低定价，而款式、尺码、库存深度、基准销售价格、促销政策等，则全部由产品小组自己决定。产品小组的业绩提成也有明确的公式，即销售额×毛利率×提成系数。

韩都衣舍首席执行官赵迎光认为，自己无须在管理上过多操心的核心原因就是产品小组模式适应“多款、多批次、小批量生产”的柔性供应链系统。这种产品小组的方式极大释放了人才的活力，也为公司培养了大批具有经营思维的产品开发和运营人员。

资料来源：正商参阅. 销售额从130万到15亿，只靠一招[EB/OL]. (2018-07-01)[2020-07-28]. https://www.sohu.com/a/238738104_240534.

四、制定动态的连接协调机制

平台型组织的三大主体到底是如何运作的呢？首先我们要弄清楚三大主体之间的关系，然后基于三大主体之间的逻辑关系设计动态的连接协调机制，从而让其更好地协作，达到为用户更好服务的目的。

(一) 明确平台型组织三大主体的关系

平台治理后台、中台资源池与前端业务团队之间共同构成“决策—管控—反馈—调整”治理闭环，力求达到以下效果：平台治理后台帮助企业找到大体正确的战略方向，并设计大致适用的整体运转机制；中台资源池和前端业务团队遵循大致适用的运转机制，朝着大体正确的战略方向前进，同时具有足够的具体业务战略决策的自由度，并将实践结果及时反馈给平台治理后台来帮助其逐步调整总的战略构想。

治理闭环的形成使得平台治理后台的权威是可被挑战的，中台资源池和前端业务团队也不再是“提线木偶”。虽然，平台治理后台一旦确定大体正确的战略方向和设计出大致适用的运转机制，就会对中台资源池和前端业务团队的具体战略决策及执行产生一定程度的管控力，但是中台资源池和前端业务团队并非完全被动，除在战略方向和运转机制的制定环节就有参与并发表意见及建议的权利以外，它们还可以通过自己的具体战略实践结果对平台治理后台施加影响，并促成其对战略构想和运转机制的调整。总之，平台治理后台与中台资源池和前端业务团队的关系摆脱了传统的控制与被控制的协调模式，在“决策—管控—反馈—调整”的治理闭环中相互影响、各尽其责、共建共享。

中台资源池和前端业务团队是互利共生关系，谁也离不开谁，相互成就。没有中台资源池的支持，前端业务团队的工作无法快速开展，会时时刻刻处于“弹尽粮绝”的恐惧中。因为中台资源池为前端业务团队提供全方位的资源支持和服务支撑，所以前端业务团队才可以轻装上阵，更高效地在市场上攻城略地。前端业务团队提供的一线数据和需求的不断升级也会倒逼中台资源池变得越来越强大。

同时，中台资源池和前端业务团队同时具备独立性和外向性。中台资源池与前端业务团队之间的互动并不是在一个封闭的空间中进行的，它们彼此相互支持，也可以酌情从企业外部寻求合作者。这样，双方在合作的基础上又引进市场化机制，有利于双方更好地进步和提升。

(二) 设计动态的连接协调机制

在金字塔型组织里，专业的分工将每个职能模块变成了一个串联链条上的“工序”，这些职能板块的价值根本无法像外部市场一样被“精准定价”，进而导致无法衡量“实际价值贡献”，又因为无法衡量，就只能模拟价值贡献。所以，即便内部市场可以形成，但是由于上游的价格说不清楚，上游即便服务有问题，下游也淘汰不了上游；由于上游也不可能找到其他的买家，即便下游出价太低，也不可能拒绝。一方面，所有不直接接触用户的环节都认为自己没问题，反而埋怨销售工作不力；另一方面，销售部门的业绩如果很好，也不一定就认为是采购、研发、生产等环节做得好，更多会认为是自己的功劳。

1. 职能并联，激活市场意识

当海尔发现串联的问题之后，他们改变激励机制，将“串联”改为“并联”。他们探索到了相对成熟的理念——将所有的价值创造模块都并联到一起(包括人力、财务等)，共同面对用户，用户付钱，大家一起分，用户不付钱，大家一起亏。在原来的金字塔型组织里，经营者是最后一个获得剩余价值的，企业成功，大家一起分钱，企业失败，员工拍屁股走人，经营者承担后果。而这种并联设计的好处在于，员工和经营者共担风险，这才真正将经营风险下沉到了员工层面。

华为在改革实践中也采取了“并联模式”。华为将从IBM引入的集成产品研发流程

(IPD)等流程化的工具改造为并联的模式。以IPD为例，在获得用户端的真实需求后，会形成以研发为中心的集成产品研发团队(PDT)，采购、生产、销售等职能模块也会进入团队，共同完成订单并分享收益。有意思的是，这种并联模式逼迫研发等原来感觉不到市场压力的后台部门为获得真实需求主动与用户互动交流，也逼迫每个后台部门主动协助其他部门找出可能的利润空间。在这种模式里，每个人都在算“市场的账”，都在关注这个项目能不能赚到钱。

2. 用户付薪，激发内部潜力

“薪源”非常重要。因为谁给员工发工资，员工就听谁的。领导支付薪酬，员工听领导的；而用户支付薪酬，员工就应该听用户的，这样企业才能走向市场。如果仅仅将“职能并联”而不让“用户付薪”的话，也无法实现企业市场化。因为即使并联了，但没有市场机制，依然无法精准定价。就像企业内部的项目制，如果不对接市场，没有市场机制，你怎么判定这个项目是否真的具有创新价值呢？

员工的薪酬结构中大概有两个部分：其一为固定薪酬，其二为浮动薪酬。要实现用户付薪，必须下调固定薪酬，把更多薪酬的决定权交给用户。但是，员工毕竟不是企业家，他们承担风险的能力有限，所以，这种改变会让他们不舒服。要想让员工承担更大的风险，唯一的办法是给予更大的利益作为诱惑。这是一个对赌问题，员工投入不同的资源，承担不同的风险，获得不同的对赌杠杆。例如，可以与员工商议出一个贡献比例，作为分红权(虚拟股)，让员工有机会分配未来的“蛋糕”即可。若员工愿意拿出10%的浮动薪酬与市场进行对赌，可以配置一个2%的利润分配权；愿意拿出20%的浮动薪酬与市场进行对赌，可以配置一个3%的利润分配权；以此类推可知，在这种模式中，风险偏好不同的员工都能够找到适合自己的方案。显然，对赌的程度是会影响到分红权的，只要计算清楚这种比例关系，就可以实现“并联+用户付薪”。

在这个方面，海尔显然是先锋企业。“并联”“用户付薪”也是出自海尔的管理实践。海尔提出要打造“用户付薪平台”，员工获取薪酬的标准很简单，总的薪酬包就是用户的支付金额，参与者的薪酬包按照各自工作的价值在终端产品中的比例计算，类似于占股。华为也启动了类似的激励模式，各职能模块的激励金额为“奖金包×奖金分”，奖金包来自增量的利润，而奖金分则是一个分配比例。

一句话，用户付钱，就是按照合同约定分钱。这实际上解决了定价带来的庞大交易成本问题。这样做，企业内部也实现了市场化。

3. 动态优化，实现优胜劣汰

如果说并联和用户付薪让每个人都具备了工作意愿，那么，如何解决员工能力不足的问题呢？

最佳答案是，观察每个阶段对赌业绩的达成情况，并根据这个情况来决定是不是追加投资，而一旦连续几个阶段都没有完成对赌(超过了投资者的容忍期)，投资就会停止。这会倒逼项目团队重新整合自身资源。如果资源状态不变，对赌业绩就无法完成，就不会继续投资，项目就没有办法进行下去，所有人都会受到影响。这个时候，就不是上级来要求项目管理团队做出改变，而是他们自己要求自己做出改变。

那么，能不能增加对赌的频次？甚至在产出实际的市场效果之前也进行明确的业绩对赌？答案是肯定的。这样一来，就能够提前对风险做出判断，并找到补救方案，动态优化资源(如补充人才、技术等)，提前止损，甚至扭转局面。

海尔通过“三预”来决定如何动态优化。“预案”是根据最终要达到的目标来确认的经营路径，是小微经营思路的具体体现，分为不同阶段，每个阶段都有明确的交付结果作为对赌业绩点；“预算”根据“预案”的达成情况进行发放，即根据对赌业绩点的达成与否来发放；“预酬”是“预算”中创客团队分享的那一部分，根据“预案”的达成情况进行发放。如果没有达到“预案”的要求，“预算”和“预酬”都不会投入项目中，这个投资的风险依然是可以控制的。那么，项目是不是就会中止呢？也不会，这个时候，小微里的创客会出局，新的创客又可以“抢单进入”，这就实现了动态优化的效果。也就是说，停止投资不是目的，让资源重新配置，在“动态”中实现“优化”才是目的。

“职能并联”让中台和前台一起直面市场，“用户付薪”激发平台上所有人的潜力，“动态优化”让团队永远保持一流的战斗力，而制定这些具体的政策与方针又能显示出平台的战略方向把控能力。企业如何根据用户需求设计与之匹配的开放型治理模式决定了企业能否以充满活力的姿态迎接未来。

中国蓬勃发展的数字化技术为企业家们插上了翅膀，一些嗅觉敏锐、目光长远的企业家开始充分运用数字化技术构建平台化商业模式，并全面推动组织的开放化和平台化。这些企业分为两种类型：一类是传统产业领袖，如华为、海尔、平安、万科、永辉等；一类是产业的创新者，如小米、韩都衣舍、尚品宅配等。在目前已有的商业实践中，采用平台型组织结构的企业都是规模化、专业化以及数字化程度高的大企业，那么对于目前采用金字塔型组织结构的中小型企业是否就不用进行组织变革呢？答案是否定的。这是因为，金字塔型组织的弊端来源于其构架的底层逻辑，这种弊端不会因为企业规模小就不存在，所以如果企业想要在竞争中取得一定的优势，变革势在必行。未来的企业，不是自己搭建平台，就是将自己依附于平台。但不管是自己搭建平台还是依附于平台，组织都必须具备以下特点：以用户为中心，建立专业的职能部门，打造敏捷团队，制定动态化的协调机制以激活每一位员工的主动性，为社会创造价值。

第三章

激励性薪酬

“宏大事业的变革目标”激发了我们内心的英雄主义情怀，平台化组织就提供了让我们上前线的机会，而薪酬给了我们努力奋斗的勇气。每个人在诗与远方的追求中，也需要有稳定的物质基础。怎样确定薪酬才能激发员工的积极性是本章的重点内容。

第一节　认识薪酬

一、薪酬的定义

薪酬一般指员工因从事组织所需要的劳动或服务而从组织得到的以货币形式和非货币形式表现的补偿或回报。“薪”是指薪水，又称薪金、薪资，所有可以用现金、物质来衡量的个人回报都可以称为“薪”。所以，“薪”是可以数据化的，企业发给员工的工资、实物福利、奖金都是“薪”。“酬”是指报酬、报答、酬谢，是一种着眼于精神层面的酬劳。

有不少企业给员工的工资不低，福利不错，员工却还对企业有诸多不满；而有些企业给员工的工资并不高，尽管工作量不小，工作很辛苦，但员工却很快乐。这是为什么呢？究其原因，还是在付“酬”上出了问题。如果企业没有精神，没有情怀，员工没有梦想，没有安全感，就只能跟企业要利益，员工跟企业间的关系就会变成单纯的交换关系，这种单纯的“薪”的给付是不会让员工产生归属感的。薪和酬就像硬币的两面，必须同时存在，同时考虑。

二、薪酬的分类

薪酬分为经济性薪酬和非经济性薪酬。其中，经济性薪酬又可分为直接经济性薪酬与间接经济性薪酬。直接经济性薪酬是企业按照一定的标准以货币形式向员工支付的薪酬，包括工资、奖金、津贴、加班费、利润分红等。间接经济性薪酬是指所有直接经济性薪酬以外的其他各种经济回报，如保险、住房公积金等。间接经济性薪酬不直接以货币形式发放给员工，但通常可以给员工带来生活上的便利，减少员工额外开支或者免除员工后顾之忧。

非经济性薪酬是指个人对工作本身或者对工作环境的满足感，是指无法用货币等衡量，但会给员工带来心理愉悦效用的一些因素。与工作本身相关的因素包括工作兴趣、工作挑战性、工作责任感、工作成就、发展机会等，与工作环境相关的因素包括合理的政策、称职的管理、人际关系、社会地位、工作条件、工作时间等。薪酬体系如图3-1所示。

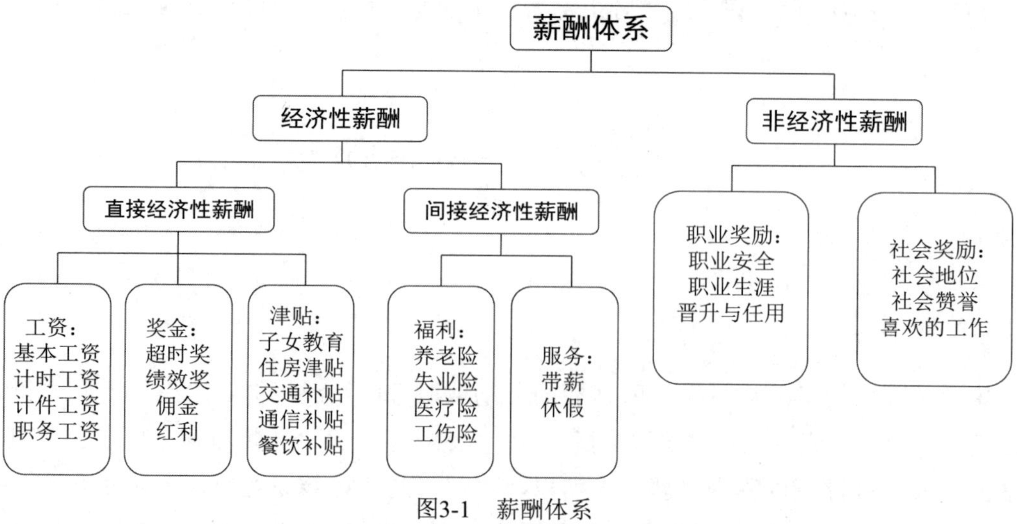

图3-1 薪酬体系

案例：IBM的薪酬构成

IBM的薪酬福利内容非常丰富，主要包括13个方面：

基本月薪——是对员工基本价值、工作表现及贡献的认同。

综合补贴——对员工生活方面基本需要的现金支持。

春节奖金——农历新年之前发放，使员工过一个富足的新年。

休假津贴——为员工报销休假期间的费用。

浮动奖金——当公司完成既定的效益目标时发出，以鼓励员工的贡献。

销售奖金——销售及技术支持人员在完成销售任务后的奖励。

奖励计划——员工努力工作或有突出贡献时的奖励。

住房资助计划——公司提取一定数额资金存入员工的个人账户，资助员工在短时间内解决住房问题。

医疗保险计划——解决员工医疗及年度体检的费用问题。

退休金计划——参加社会养老统筹计划，为员工提供晚年生活保障。

其他保险——包括人寿保险、人身意外保险、出差意外保险等多种项目，关心员工每时每刻的安全。

休假制度——在法定假日之外，还有带薪年假、探亲假、婚假、丧假等。

员工俱乐部——为员工组织各种集体活动，以加强团队精神，营造大家庭气氛，包括各种文娱活动、体育活动、大型晚会、集体旅游等。

资料来源：宋联可，杨东涛. 高效人力资源管理案例：MBA提升捷径[M]. 北京：中国经济出版社，2009.

三、付薪哲学

付薪哲学是薪酬设计的基本理念，其用以回答企业为什么支付薪酬、如何支付以及支付什么等问题，是企业对应当奖励什么样的人和什么样的行为的一种价值判断。在进行薪酬体系设计时，需要依据企业的使命与战略确定企业的人力资源愿景与整体战略，然后在企业所面临的社会、行业及法律环境大背景下，确定企业的付薪哲学。企业付薪哲学的确定需要注意以下几点。

(一) 付薪哲学体现企业文化的价值诉求

员工是否接受付薪哲学决定了薪酬能否发挥其激励作用。员工只有认可并接受企业的付薪哲学后，才能更好地感受到企业的薪酬激励，从而约束自己的行为，使自己的工作行为更为职业化，更符合企业的要求。员工行为的职业化势必会带来工作效率的提高以及价值创造能力的增强。当员工切实感受到收入的增加与自身能力的提高之后，就会更加认同企业的付薪哲学，对企业产生更强的认同感与归属感。所以，在塑造企业的薪酬文化与哲学时，要与员工行为习惯的引导相结合，通过员工行为的职业化提高企业管理水平，同时降低企业人工成本。

(二) 付薪哲学要体现正确的薪酬理念

薪酬理念是员工能够从内心深处感受到的工作价值观、贡献观与回报观，具有丰富的内涵。企业在进行薪酬体系设计时，首先需要秉承人力资本优先发展的理念，打破平均主义，并要承认知识创新者和企业家是企业价值创造的主导要素，在薪酬分配时向这些人倾斜，适当拉开薪酬差距。其次，要让员工认识到岗位是其施展才华的舞台，员工要在工作中创造价值并获取回报，凭自己的能力和对企业的贡献获得回报。在实际进行薪酬管理时，员工的薪酬要随着所担责任的加大、个人能力的提升、绩效贡献的提高而不断增加。

(三) 付薪哲学要落实到实处

在设计薪酬体系时，要时时处处体现企业的付薪哲学，将其落到实处，建设企业权、责、利、能四位一体的薪酬管理制度。

四、付薪原则

薪酬的支付要遵循一定的原则，对内要具有公平性，对外要具有竞争性，而且需保证薪酬支付的有效性。

(一) 公平性

薪酬支付的一个重要原则就是公平性。这种公平是企业内部的公平，是指企业为员工支付的薪酬在多大程度上反映了员工对企业价值的贡献。公平性可以表现为职位公平和员工公平。职位公平是指根据组织制定的不同工作的价值等级支付相应的薪酬，企业可以通过建立企业的职位等级结构来实现“职位公平”；员工公平是指组织对在既定岗位上工作的个人根据其能力和贡献的大小支付薪酬，企业可以通过员工任职资格评定、绩效评价来实现“员工公平”。当然，这种公平性可能适用于大部分员工，而对于某些无法用职位、资格、绩效评定的明星员工，企业应该制定特殊的薪酬方案。

(二) 竞争性

薪酬支付的竞争性是指企业为员工支付的薪酬与企业外部从事相同工作的人员的薪酬具有可比性。这种竞争性是一种外部公平。员工会将其收入与外部的相似人员进行比较，以此判断自己是否获得了公平的回报。薪酬支付的竞争性可以通过外部薪酬调查来实现。企业可以购买外部专业公司的薪酬调查数据，或者自行进行薪酬调查，以此确定不同岗位的外部薪酬水平，在此基础上做出企业的薪酬决策。保持薪酬支付的竞争性是企业获得外部人才并保留内部核心人才的关键。

(三) 有效性

薪酬支付的有效性是指企业是否奖励了正确的人和正确的行为，以及企业为员工支付的薪酬在多大程度上反映了员工对企业的价值贡献。提高薪酬支付的有效性有利于激励员工表现出企业期望的态度和行为，并为企业创造更大的业绩。企业可以通过建立基于业绩的薪酬体系和绩效评价实现“按劳分配、多劳多得”的薪酬理念，从而表现出对员工价值贡献的认可。

五、薪酬的目标

薪酬激励主要为了实现三大目标：支撑企业战略，达成企业目标；吸引、激励并保留企业所需的核心人才；员工满意及相关利益者的价值平衡。

(一) 支撑企业战略，达成企业目标

作为连接员工与企业的重要纽带，薪酬需要担当起将员工个人目标与企业目标协同起来的责任。企业通过薪酬去激励和约束员工，使他们的行为与企业的战略协调一致，从而推动和支持企业战略目标的实现。

(二) 吸引、激励并保留企业所需的核心人才

从心理学视角看，薪酬可以满足员工的物质和心理需求。一方面薪酬能够满足员工对衣食住行等方面的物质需求；另一方面差异性薪酬可以激发不同层次、不同类别员工的内在潜力，让他们努力提升自己，使员工的个人尊严和价值得到体现。

(三) 员工满意及相关利益者的价值平衡

好的薪酬制度能够提升员工的满意度，引导员工努力工作，进而实现企业目标，协调企业利益相关者的利益平衡。

第二节 激励性薪酬的特点

一、以战略为导向

(一) 战略性薪酬的定义

激励性薪酬要具有战略性特征，其战略性是指在企业战略层面上思考什么样的薪酬策略和薪酬管理系统才能支撑企业的竞争战略，并帮助企业获得竞争优势。美国薪酬专家米尔科维奇认为，战略性薪酬的核心是以一系列薪酬选择帮助组织赢得并保持竞争优势。薪酬必须支持企业的经营战略，要选择那些能帮助组织获取和维持竞争优势的薪酬制度。不同的经营战略决定着不同的薪酬战略，企业经营战略与薪酬战略之间的联系越紧密，企业的效率就越高。成功的薪酬体系能够支持公司的经营战略，能承受周围环境中各方面的压力。制定薪酬体系的最终目标是使企业赢得并保持竞争优势。

(二) 战略性薪酬体系设计的逻辑思路

薪酬如何支撑企业的战略目标？米尔科维奇等人在《薪酬管理》一书中，将战略薪酬体系概括为如图3-2所示的模型。

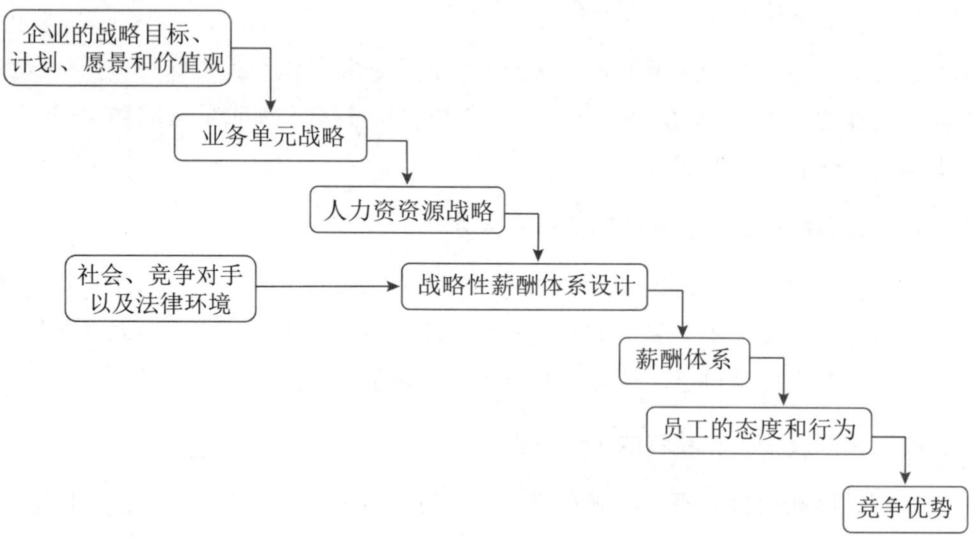

图3-2 基于战略的薪酬设计体系

资料来源：米尔科维奇，纽曼，格哈特. 薪酬管理[M]. 成得礼，译. 6版. 北京：中国人民大学出版社，2002：23.

从这个模型中，我们可以看出以下几点。

(1) 企业薪酬体系的设计必须基于组织的战略来展开。组织战略可以分为两个层面：一个是企业层面战略，包括整个企业的战略目标、计划、愿景和价值观等；另一个是业务单元战略，它是建立在整个企业战略的基础之上的、针对每项业务的竞争战略。

(2) 在确立了企业层面战略和业务单元战略的基础上，需要根据这两个层面的战略来安排企业的人力资源战略，即思考人力资源在企业战略规划中的作用，以及企业通过什么样的人力资源系统来支撑企业的战略与目标。

(3) 薪酬战略是建立在人力资源战略基础之上的，属于人力资源战略的一个组成部分，即在整个企业的人力资源系统设计中，把薪酬系统作为其中的一个子系统来思考。

(4) 在确立了薪酬战略以后，还需要通过进一步的薪酬系统设计落实薪酬战略，即将薪酬战略转化为具体的薪酬制度、技术和薪酬管理流程，只有这样才算完成了战略性薪酬体系的设计。

确立了战略性薪酬体系之后，企业就可以有效地引导和改变员工的态度和行为方式，并使其与组织的战略相配合。而一旦实现了这种配合，企业就可以通过人的行为来获取竞争优势，因为落实到每个员工日常工作行为中的竞争战略才是竞争对手真正难以模仿的战略。

(三) 战略性薪酬体系的设计框架

米尔科维奇提出了根据企业战略来思考薪酬战略的主要框架。他认为，企业的薪酬战略框架可以按照他所提出的薪酬设计体系来安排，如图3-3所示。

该模型主要包括以下几个方面。

(1) 薪酬目标：薪酬应该怎样支持企业的战略，又该如何适应整体环境中的文化约束和法规约束？

(2) 内部一致性：在同一企业内部，工作性质和技能水平的差别如何在薪酬上得以体现？

(3) 外部竞争性：整体薪酬定位在什么水平？能否与竞争对手抗衡？

(4) 员工贡献：加薪的依据是什么？是个人业绩还是团队业绩？是员工不断丰富的经验、不断增长的知识、不断提高的能力还是生活费用的上涨？

(5) 薪酬管理：薪酬决策应在多大程度上向所有员工公开？谁负责设计和管理薪酬制度？

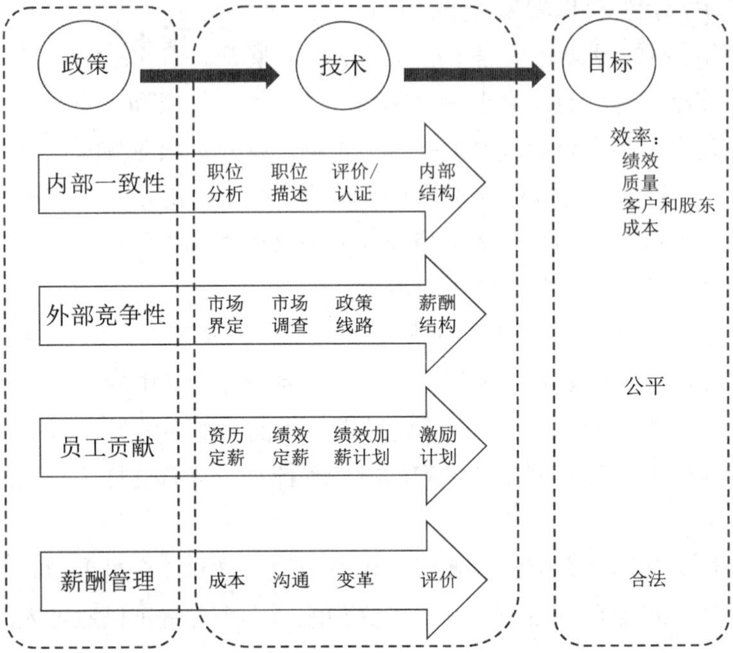

图3-3　企业的薪酬战略框架

资料来源：米尔科维奇，纽曼，格哈特. 薪酬管理[M]. 成得礼，译. 6版. 北京：中国人民大学出版社，2009：12.

二、以价值贡献为依据

(一) 价值创造、价值评价与价值分配的逻辑关系

企业赖以生存的因素有很多，比如资源、政策、关系、信息不对称等。毫无疑问，这些因素的确可以让一些企业获得暂时的成功，但企业长久生存和生长的土壤一定是客户价值，企业必须根植于客户价值才能获得成长的养分。任何企业如果偏离了为客户创造价值这一初衷，必将付出沉痛的代价。企业的核心活动一定要围绕着为客户创造价值来展开。薪酬属于价值分配环节。价值创造是前提，价值评价是依据，价值分配是动能，薪酬是为了激活员工的潜能，更有效地为客户创造价值。价值创造、价值评价与价值分配三者的具体关系如图3-4所示。

在企业中，所有的激励政策与机制的导向是激发价值创造主体的内驱力，因为外在激励的边际效用是递减的。当价值创造主体有了动力，就能发挥其潜力，从而将自己具备的知识与技能通过劳动转化为价值。

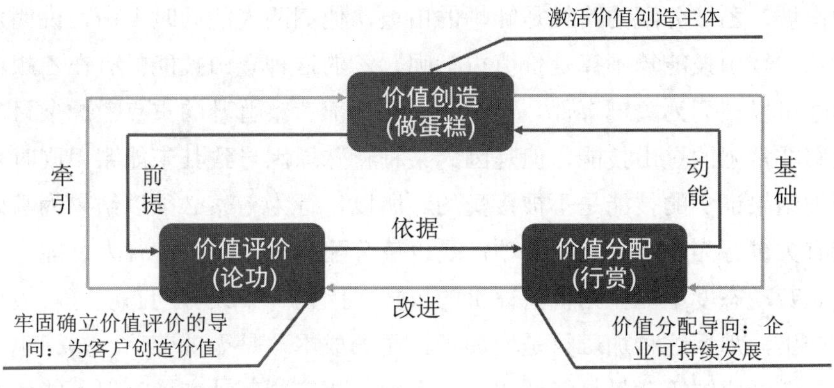

图3-4　全力创造价值、正确评价价值和合理分配价值

(二) 价值创造主体

《华为基本法》中对价值创造主体有全面而精辟的表述：“劳动、知识、企业家和资本创造了公司的全部价值。”其精辟之处在于，它厘清了企业价值创造的要素，并试图更深、更广地挖掘企业内部价值创造的源泉。但是企业家和资本的价值贡献不是本章的重点内容，本章重点介绍作为价值创造主体之一的具有劳动技能和相关知识的员工。在企业中，我们将员工按照其岗位、价值、贡献等多方面的综合因素分为三类：基层员工、中层员工和高层员工。华为在设计激励机制的时候，遵循的原则是“让基层的员工有饥饿感，中层员工有危机感，高层的员工有使命感”。企业要激发基层员工对奖金的渴望、对股票的渴望、对晋级的渴望、对成功的渴望(任正非语)，所以，对于组织金字塔底部的大量基层员工来说，“按劳取酬，多劳多得”是最现实的工作动机。对于中层员工来说，企业要让他们有危机感，通过述职、业绩排名、岗位轮换、荣誉奖励等机制传递压力。因为只有当一个人感觉到危机的存在，才能克服惰性，持续奋斗。对于高层管理人员来说，收入已经不是他们的主要追求，是使命感使他们保持对工作的激情与热爱，是事业心警醒他们时刻洞察市场、寻找机会、引领业务持续发展。

(三) 价值贡献的内容

价值贡献体现在哪些方面呢？价值贡献体现在对企业经营总目标的贡献，而企业经营的总目标是企业价值的增长、利润的增长和企业经营规模的增长。企业所有活动的展开、进行和评价，也都是为了达到这个总目标。

在这里，我们有两点需要厘清。第一点，行为、劳动态度、知识、技术、工龄等都不是价值贡献，只有对总目标有价值的结果产出才是价值贡献。就像甲乙两人爬山，两人同时爬上了山顶，从价值评价的角度看，他们的结果是完全一样的。但是，甲被分配的路线是平缓的山坡，乙被分配的路线是陡峭的山坡，他们两人能同时上山，说明乙的登山能力比甲强。乙的登山技能算不算是价值贡献呢？乙的这种登山技能只有在乙跟甲同时登上山顶之后，才可以被列为关键事件，可作为后期干部考察晋升的重点考虑项目。否则，即便乙说自己有非常强的登山技能，但是因为某种特殊原因导致其未能跟甲同时登顶，这种申辩以及未被结果证实的技能是不被接受的。所以，行为考察必须以结果为基础，没有结果，也就没有关键行为。结果是业绩项，是价值分配的依据；关键行为是能力项，是机会分配的依据。劳动态度不能作为价值评价的依据，因为一个人劳动态度好，天天加班，如果没有结果产出，那么这种加班只是增加了公司的成本，是无效劳动。知识也不是价值，学历、文凭、考试成绩等背景只能证明一个人做了相应的劳动准备，但不能依据劳动准备来评价价值。技术本身也不是价值，只有当技术转化为产品并为企业获得利润或者取得价值之后才具有价值。工龄就更不是价值了，工龄长未必能力强，很多人到一定年龄后，学习能力和精力都在下降，创造价值的能力也可能随之下降。

第二点，不能简单地把“结果产出”理解成“经济价值”，不能理解成能够马上产生数字增长的产出。这样单一的分配机制导致的结果是，好的市场，大家都想去，而对于企业持续发展与增长至关重要的新的区域、竞争激烈的市场或者战略性的业务无人问津。因为新的区域、竞争激烈的市场或者战略性的业务没有那么快有结果与产出，所以企业要针对两种不同的业务类型采用不同的分配机制。

(四) 价值分配的方法

价值分配机制应该是获取分享制与评价分享制相结合，这两个机制在某种意义上既互相对立，也互相补充。获取分享制主要针对成熟和稳定的业务，按照业务单元给公司创造的利润，遵照多劳多得的原则，以奖金的形式进行分配，即业务部门为公司创造了多少利益，公司按照一定的比例与团队进行分享。评价分配制主要针对获取分享制难以施行的地区、环境特别恶劣的市场、新业务、新市场等，它与所创造的直接经济利益不直接关联。评价分配制根据一定的标准或者基准，比如对行业或者历史的一些数据进行比照以后，提前设定一个基准奖金包，平衡“瘦”的市场与“肥”的市场，并基于这个基准奖金包，再设定一些关键的考核事项，其表现形式为岗位工资、定额奖金、专项奖、补贴，或者是干部晋升、荣誉评选、任职资格的认定等。

三、薪酬结构三位一体

“天下熙熙，皆为利来；天下攘攘，皆为利往。”以往对薪酬的狭义理解仅仅停留在“分利”的阶段，但是真正有激励性作用的薪酬制度是名、权、利三位一体的：基于绩效的分利，基于荣誉的分名，基于职位的分权。

(一) 分利

物质激励是基础的激励方式。员工在企业上班，付出了时间、知识与技能，企业为其支付工资是天经地义的事情。企业要做的是使支付工资的行为具有激励性。

1. 确立分利原则

分利原则其实就是我们在前面说的付薪原则，我们要在企业总体薪酬战略的规划下，按照公平性、竞争性、有效性的原则支付员工薪酬，对内要尽量做到公平，对外要有竞争力，还要对企业目标的实现有所帮助。

2. 制定分利标准

具备什么能力的人，在什么职位，处于什么级别，做了哪些事情，能拿到多少钱，总体上有一个标准，即定岗定级。华为将员工分为三类：普通劳动者、一般奋斗者和真正奋斗者。不同类别的员工，对待工作的要求是不一样的。同样，不同类别的员工，在收入分配上有区别。在分利的过程中最忌讳的是平均主义或者标准不明确，这样就会导致干好干坏一个样，结果是企业和员工都不满意，员工与员工之间互相猜忌和抱怨。

3. 设计分利形式

从周期长短来看，“利”可以分为即时奖励、短期激励、中期激励、长期激励和专项奖等。从类别来看，“利”可以分为基本工资、绩效工资、奖金、福利、津贴等。从总体属性来看，“利”可以分为物质激励或者非物质激励。

(二) 分权

对企业负责人来说，权力下放是比较难做到的事情，总会有一种“他人不如吾尽心”的担忧。正因为在企业中分权是一件比较困难的事情，所以当企业负责人做出权力下放的决定并开始执行的时候，被授权的员工一定会感受到莫大的激励与鼓舞。

1. 分权对于企业发展的重要性

(1) 分权能激发员工积极性。分权给员工，对于员工来说是一种信任，当员工感受到组织信任的时候，对企业的归属感会更加强烈。分权给员工，对于员工来说也是一种责任，因为责、权、利是对等的，更大的权利就意味着更大的责任，员工在后续的工作中，势必会更加严格地要求自己，规范自己的行为，让自己与职位权利更加匹配。分权给员工，对于员工来说也是一种荣誉，是一种精神上的满足，当员工在公司能够实现自我价值的时候，就会更加肯定自己的价值。

(2) 分权能发现和培养人才。每一个企业都是需要人才的，随着企业规模的不断扩大，对于人才的需求越来越多，人才将变成越来越紧缺的资源，在企业内部最好的培养人才的方法就是实践。分权于有理想、有抱负、有能力的人，让他们在实践中历练，当企业需要人才之际，这些在实践中摸爬滚打出来的员工才能有自信与担当。

2. 分权的前提、基础和保障

(1) 完善的战略管理机制是分权的前提。因为只有建立了完善的战略管理机制，通过科学的战略规划让公司上下在发展方向和目标上达成一致，同时在执行过程中定期监控，让企业负责人知道企业整体发展方向是对的，他才可能放心分权。

(2) 全面的预算管理体系是分权的基础，即让关键的人、财、物的分权有边界，实现预算内分权管理。因为全面预算能让企业负责人知道，为实现经营目标，具体要多少资源，主要资源使用在什么地方，这个资源配置得是否合理。如果合理，预算审批后，企业负责人就可以大胆放心地对预算内的经营决策进行分权。

(3) 可靠的执行管理体系是分权成功执行的保障。美的的投资预算表格详细地记录了每个预算项目当前的执行情况，包括年度预算金额、立项金额、最终合同金额、供应商的选择方式、最终合作供应商、累计付款金额等，记录得非常详细，企业负责人能够清楚知道钱花在了什么地方。这样详细的预算执行管理是企业负责人放心分权的保证。所以，当企业决定分权之前需要建立战略管理机制，建立全面预算体系，在后期还要通过执行管理体系进行监督管理。

(三) 分名

戴维·麦克利兰教授对成就感的定义是：争取成功，追求优越感，希望做得最好的需求！但是人的行为是机制下的产物，不同的制度会引导出不同的人性，可以说，好的制度能够让人变成天使，坏的制度能够让人变成恶魔。分名就是指要通过荣誉来激发员工内心向上向好的方面。荣誉激励机制着眼于解决员工工作有意义的问题。如果企业的激励仅停留在物质激励层面，容易导致员工对钱的欲望特别强烈，从而无法达到持续激励的目的。

荣誉激励要有仪式感，通过仪式感来强化其在组织内部的价值认同。有仪式感的奖励才能让员工记忆深刻，在满足获奖者成就感的同时激发未获奖员工的成就动机，从而提升全体员工的积极性。仪式感主要从两个方面来具体呈现：一方面，仪式感可以通过一些可见的细节、载体来具象化；另一方面，可以通过具有象征意义的过程或仪式来强化其价值感。例如，任正非非常重视荣誉奖项，很多荣誉奖的奖牌和奖杯都是他亲自确定设计方案并亲自颁发的，获得金牌的员工还可以得到和任正非单独合影的机会。华为第一届“明日之星”的玛雅女神奖牌是由巴黎造币厂专门设计和制作的。巴黎造币厂是欧洲著名货币发行机构，曾为法国铸造欧元流通硬币。

虽然不建议荣誉激励与物质激励挂钩，但荣誉激励可以累积，作为后期员工升职、加薪、培训等方面的加分项。这种累积有助于员工行为的长期塑造，对企业正向文化的形成有非常重要的作用。

四、薪酬内容多元化

薪酬内容多元化主要表现在以下三个方面。

(一) 薪酬形式的多元化

薪酬形式有职位工资、技能工资、绩效工资、工龄工资、津贴、奖金和福利等。其中，津贴、奖金、福利的形式更是多种多样，五花八门。津贴或补贴是为了补偿员工特殊或额外的劳动消耗，或因其他特殊原因而支付给员工的基本工资以外的报酬，包括出差津贴、旅游津贴、交通补贴、餐费补贴、加班津贴、物价补贴、购房补贴等。奖金是一种补充性的薪酬形式，是企业对员工超额劳动或者增收节支给予的一种报酬，旨在鼓励员工提高工作效率和工作绩效。奖金可以分为三个层面：组织奖金、部门奖金和个人奖金。组织奖金根据组织整体业绩来确定奖金发放的数额，达到目标则有，未达到目标则无。团队奖金主要有利润分享计划和收益分享计划两种。个人奖金的形式比较多，包括各种专项奖、荣誉奖、贡献奖等。

(二) 薪酬组合的多元化

薪酬组合的形式主要包括本薪、奖金、津贴和福利，此外也有固定薪酬和变动薪酬的组合模型，或者即时给付与递延给付的组合类型。薪酬组合形式的改变，代表企业激励员工的方式的改变。例如，企业增加以工作绩效(包括个人、部门或企业)为基准的变动薪酬的比例，比如固定薪酬与变动薪酬比例从9∶1改变为8∶2，代表企业增强绩效导向的意愿。再如公司增加递延给付的薪酬名目与比例，则代表企业希望员工留在企业长期发展的意愿。

(三) 薪酬发放形式的多元化

薪酬发放形式按照周期长短可以分为即时发放、短期发放、中期发放、长期发放。即时发放主要是针对员工行为塑造的小额奖励，比如积分制、荣誉券都属于即时发放的方式。短期发放主要是指底薪的发放，解决员工的基本生活问题。中期发放主要依据业绩的表现进行发放，以绩效奖金、项目专项奖为表现形式。长期发放主要指股权分红，解决的主要是为谁打工的问题。

五、薪酬方案动态化

薪酬应该具有动态性，要适时调整薪酬框架和薪酬水平，保证企业的薪酬机制具有激励性，从而支持整个企业的发展。一般来说，薪酬的动态性调整主要有4种类型：薪酬普调、绩效调薪、能力调薪和岗位调薪。

(一) 薪酬普调

薪酬普调主要是指企业随着整体经济形势的发展变化，遵循政府相关法律法规的要求，并根据企业自身的经营状况，对员工的薪酬进行普遍性调整。进行薪酬普调时应该考虑以下几个因素：①市场变化因素。随着市场竞争日益激烈，企业的薪酬水平只有在市场上具有足够的竞争力，才能留住既有人才并吸引外面的人才加盟。②物价指数因素。当发生通货膨胀时，原定薪酬水平的购买力降低，如不及时进行调整，实际上相当于降低了员工的收入水平，员工可能会另谋高就。③企业盈利因素。当企业盈利良好时，增加薪酬能够让员工享受到企业的经营成果，有利于保持高昂的士气；当企业盈利欠佳时，减少薪酬可以激发员工的斗志。④员工的绩效表现因素。员工对企业贡献，应该关系到员工的收入，只有将员工的绩效表现与调薪挂钩，才能充分调动员工的工作积极性，有效调动员工的士气，为企业的发展提供必要的动力。

很多企业都有年度普遍调薪这样的制度，但实际上这个制度对员工积极性的调动以及对企业目标的达成未必总能起到正面作用。因为年度调薪成为惯例之后，员工对此已经有了预期，一旦市场发生变化，而企业实际情况不允许调薪，员工心理出现落差，甚至产生逆反心理。所以，企业要慎重采用薪酬普调。

(二) 绩效调薪

绩效调薪根据员工的绩效考核结果对其基础工资进行动态调整，并将调整结果作为下一个考核周期的工资水平。绩效调薪需要考虑两个因素：一是员工绩效水平的高低，绩效水平越高，调薪量就应该越高，绩效平平的员工不应该获得绩效调薪的机会，绩效水平差的员工工资应该被下调；二是该员工工资在企业工资排名中所处的位置，如果该员工所获得的报酬已经处于企业工资排名的前列，为了降低企业的人工成本，其绩效提薪的量就应该比处于工资排名后部且绩效考核结果与之相同的员工少。绩效调薪的前提是企业必须有分层分类的基于战略的关键业绩指标体系和绩效管理系统。

(三) 能力调薪

能力调薪是指根据员工的任职资格评定等级对基础工资进行动态调整。任职资格标准内容如图3-5所示。

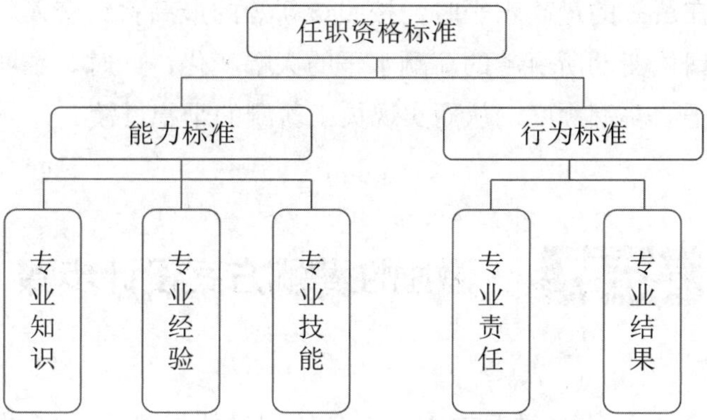

图3-5　任职资格标准内容

任职资格评价是对在岗人员的能力评价，是对员工实际能力与岗位要求标准的对应检查过程，其目的是确定企业现有人员在整个企业人力资源中的等级，为之后的调薪、培训等提供依据。员工任职资格等级的确定以任职资格标准中能力标准和行为标准为判断依据。根据不同的评价要素，在实践中会设计不同的评价方法。

(1) 通过必备知识的培训考核获得员工的知识积分，判断其达到了哪个级别的必备知识要求。

(2) 通过专家小组召开的任职资格评价，获得员工的技能得分和经验成果鉴定，判断其达到了哪个级别的能力要求。

(3) 参照职员的绩效考核结果进行行为认证，判断员工达到了哪个级别的行为标准。

(4) 当员工的知识积分、经验成果、鉴定结果、技能得分和行为认证级别同时满足某一个任职资格等级的能力标准要求和行为标准要求时，该等级就是该员工当前的任职资格等级。

当员工的任职资格等级被重新核定之后，其薪酬就需要根据新等级所对应的薪酬标准予以调整。

(四) 岗位调薪

岗位调薪是指由于员工的工作岗位变动所引起的薪酬调整。一般来讲，当员工从较低职级岗位调整到较高职级的岗位时，转正后若原薪酬水平低于较高职级的起薪薪级，则升至较高职级的起薪薪级水平；若原薪酬水平高于较高职级的起薪薪级水平，则本着就高不就低的原则，转正后套入最接近目前薪酬水平薪级的上一级。

员工的工作岗位出现变动时一般设置1～3个月的考察期，考察期满后由所在部门对其在新岗位的工作进行考核，考核合格后按照新岗位所在的薪等套入相应的薪级。当员工的薪酬水平低于新岗位所在薪等的最低水平时，按照该薪等的最低薪级套入；当员工的薪酬水平高于新岗位所在薪等的最高水平时，按照该薪等的最高薪级套入。除此之外，企业也需要考虑员工因为岗位变动所引起的薪酬水平的大幅变化，此时，企业可以与员工一起协商确定一个中间水平的薪酬额度，从而实现员工薪酬的平稳过渡。

第三节 激励性薪酬方案设计步骤

企业在进行薪酬设计的时候怎样才能充分体现其激励性？薪酬设计的具体步骤是怎样的？下面我们按以下五大步骤来分析。

一、梳理企业文化

> 如果你想造一艘船，先不要雇人去收集木头，也不要给他们分配任何任务，而是激发人们对浩瀚汪洋的渴望。
>
> ——安东尼·德·圣埃克苏佩里(《小王子》的作者)

(一) 梳理企业的使命、愿景、价值观

伟大的使命、愿景、价值观能够吸引有相同理想的人，聚集有相同信念的人，激发大家为了共同目标努力奋斗。所以，在薪酬设计之初，我们需要了解并梳理企业的使命、愿景与价值观。

(二) 制定企业战略

在确定企业的薪酬管理制度时，需要关注薪酬支付的对象、规模、水平、结构和方式等方面，而这些方面都要受到企业战略的影响。

1. 企业战略决定员工的类型、规模和数量结构

企业战略决定了企业员工的类型、规模和数量结构，从而确定了企业薪酬的支付对象和支付规模。薪酬支付对象是指向谁支付薪酬，对哪种类型的人才支付薪酬；薪酬支付规模是指要向多少人支付薪酬。企业整体战略部署会对人员安排做出明确规划，如果企业在特定阶段以研发为战略重点，则研发人员薪酬在企业全体人员中所占的比重就相对较高。

2. 企业战略决定薪酬水平

企业战略决定薪酬水平，即企业要根据整体战略对薪酬支付水平进行选择。薪酬支付水平是指企业要支付多高水平的薪酬。薪酬设计者通常可以将企业支付的薪酬水平与同一职位、同一等级的市场薪酬水平相比较，从而确定企业的薪酬水平。当企业采取保守型战略时，其薪酬水平定位通常也会比较保守，会低于或略低于市场平均工资水平；当企业采取平稳发展战略时，其薪酬水平通常与市场的平均工资水平相一致；当企业采取激进型战略时，其薪酬水平通常领先于市场平均工资水平，因为这样才能吸引更多的优秀人才，扩大企业规模，增强企业的竞争优势。

二、制定薪酬策略

(一) 薪酬策略的特点

薪酬策略是薪酬战略的实现手段，不同的薪酬战略导致不同的薪酬策略。企业在进行薪酬设计时，要在保证薪酬支付的内部公平性和外部竞争性的同时，实现支付效率。不同企业所处的发展阶段不同，企业文化不同，薪酬设计的重点就会有差异，采取的薪酬策略也会有所不同，甚至同一企业在不同发展阶段所采取的薪酬策略也不尽相同。

(二) 薪酬策略的主要内容

薪酬策略主要包括薪酬水平策略、薪酬管理策略、薪酬结构策略以及薪酬组合策略。

1. 薪酬水平策略

薪酬的支付水平受企业战略的影响，其定位策略主要有三种：领先型薪酬策略、跟随型薪酬策略和滞后型薪酬策略。领先型薪酬策略是一种基于一流人才的策略，采取领先型薪酬策略的企业为员工提供高于市场平均水平的薪酬，以吸引市场上最优秀的人才加盟本企业，实现企业的战略目标；跟随型薪酬策略是一种基于竞争对手的策略，采取跟随型薪酬策略的企业支付给员工的薪酬水平与市场平均薪酬水平相一致；滞后型薪酬策略是一种基于成本的策略，采取滞后型薪酬策略的企业一般是奉行成本领先理念的企业，其员工的市场可替代性较强，企业支付给员工的工资稍微低于市场平均薪酬水平。实际上，薪酬水平策略并不是一成不变的，要在大的策略指引下，针对不同部门、不同岗位或者不同人员采取不同的薪酬水平策略。

2. 薪酬管理策略

薪酬是一把“双刃剑”，用得好时可以激励员工努力工作，提升工作绩效；用得不好时会削弱员工的积极性，引起员工的不满。这把“双刃剑”发挥怎样的作用，不仅取决于薪酬体系设计是否科学合理，还取决于企业是否对薪酬进行了科学有效的管理。企业要处理好个体薪酬与团队薪酬之间的关系，既发挥个体薪酬对员工的激励作用，又要避免团队成员“搭便车”现象的发生。薪酬管理部门还要注意进行薪酬沟通，选择合适的薪酬沟通的方式，充分发挥薪酬的正面激励作用。薪酬管理部门要对员工的薪酬满意度进行管理，向员工传递企业的薪酬文化，让员工认识到，岗位是其施展才华的舞台，工作是承担个人责任的行为，要在工作中创造价值才能获取回报，凭自己的能力对企业有所贡献才能获得回报。

3. 薪酬结构策略

薪酬结构包括等级结构和内容结构。薪酬的等级结构存在两种方式：等级型和扁平型。等级型薪酬结构的等级较多，级差较小，采用这种薪酬结构的企业承认员工的技能、责任和对组织贡献的差别，认为频繁地升迁能够很好地发挥对员工的激励作用。扁平型薪酬结构往往等级较少，级差较大，采用这种薪酬结构的企业认为，应平等对待所有的员工，越平等就越能提高员工的工作满意度，提高员工的工作绩效。薪酬的内容结构是指员工薪酬包含哪些薪酬要素以及不同的薪酬构成要素(固定薪酬与浮动薪酬、当期薪酬与长期薪酬)在整体薪酬中的比例，通过合理控制固定薪酬和浮动薪酬的比例来实现对员工的激励。这需要根据不同员工的工作性质，实行分层分类的薪酬激励。比如，对销售人员实行高提成的薪酬结构以激励其创造更大的业绩，而对行政人员和研发人员要给予高固定工资以确保其稳定性；岗位级别越高浮动薪酬的比例应该越大，这主要是因为他们对企业的业绩承担的责任大。

4. 薪酬组合策略

薪酬组合策略是指对员工所处层次(高层管理者、中层主管及基层员工等)和职能进行组合，针对每一组合确定不同薪酬的策略。对于高层管理者来讲，无论其在组织的哪一个职能部门任职，都应对其支付行业最优水平的薪酬，并且以长期激励为主导；而对于基层员工来讲，其所在职能部门不同，薪酬策略就有所不同。薪酬组合策略的具体内容如图3-6所示。

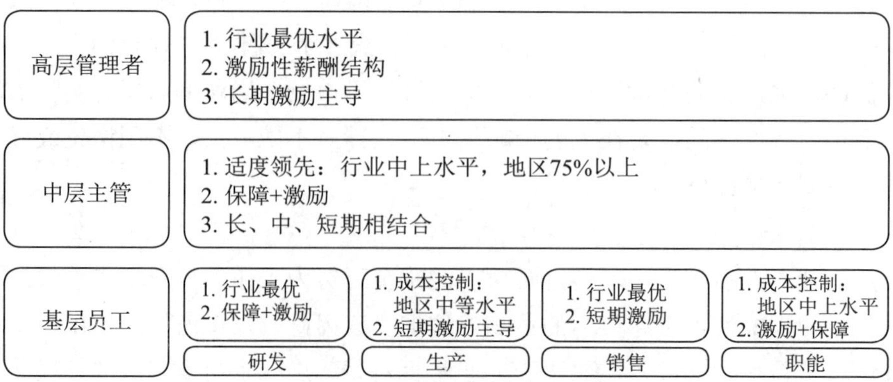

图3-6　薪酬组合策略

三、区分薪酬层级

企业的薪酬方案是根据企业的发展战略、所处的发展阶段、人才结构、竞争环境等因素，并按照企业的实际情况将多种薪酬设计方式组合后进行应用的。薪酬的主要组合形式为：工资+奖金+分红。工资以职位工资、能力工资为主，有些企业还会包括工龄工资、固定的补贴等。工资具有刚性，调上去容易调下来难，所以我们称之为固定工资。奖金和分红属于浮动工资，随着业绩贡献的变化而变化，绩效工资、各种类型的短期奖励、中长期的项目分红以及股权激励就属于浮动工资的范畴。薪酬方案的设计目的是让价值创造主体努力实现更大的价值创造，其如何设计依据员工的价值贡献。但是员工的贡献是有差别的，所以分配方案要区分层次，同时匹配相应的激励手段，如图3-7所示。

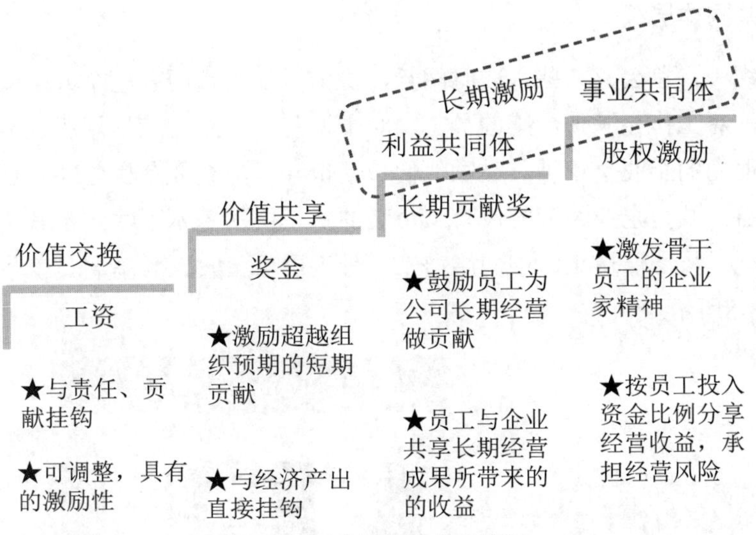

图3-7 区分层次的价值分配

(一) 价值交换层级

在价值交换层级，工资根据员工承担的责任和做出的贡献进行分配，可动态调整，具有激励性。价值交换适用于普通员工或者刚入职的员工，他们按照岗位要求完成自己的工作即可。

(二) 价值共享层级

在价值共享层级，员工如果完成了定额，就可以获得工资；如果超出了定额，就可以获得奖金。当员工按照项目进度和质量要求完成了自己的定额，企业发工资给员工是理所当然的，员工拿到应得的工资也顺理成章，这就是价值交换。但是，当员工超额或者提前完成了任务，或者为项目节省了资金，企业就应该从超额的部分或者节省的项目预算中按照一定的比例对员工支付奖金，这充分体现价值共享的理念。

(三) 利益共同体层级

员工在工作中做出的贡献，如果能给企业带来中长期收益，企业就应该让员工在一定时间窗口内享有某一产品、某一市场或者某一项目中长期收益的奖励，这就是长期贡献奖。长期贡献奖在研发领域和新市场拓展领域应用比较多。传统的“工资+奖金”的激励手段，对新产品研发人员和新市场拓展人员的激励效果不大，这些部门所承担的工作成果本来就无法预期，如果长期没有研发和市场拓展成果，该怎么对这部分人进行激励呢？钱给多了，企业觉得亏；钱给少了，又留不住人。长期贡献奖便能比较好地解决这个问题。

(四) 事业共同体层级

在一个组织中，总会有一些入职时间长，价值贡献大，而且把个人的成长和企业的成长联系在一起，对工作充满使命感的员工。对于这些人，企业应该用股权激励把他们团结起来，以激发他们的企业家精神，鼓励他们长期奋斗，与企业荣辱与共。让这些员工共享企业成长的收益，共担企业经营的风险。员工的责任层次基本上决定了其贡献的层次，进而影响收入分配。核心层员工、中间层员工、骨干层员工收入和基层员工收入的建议分配比例具体如图3-8所示。

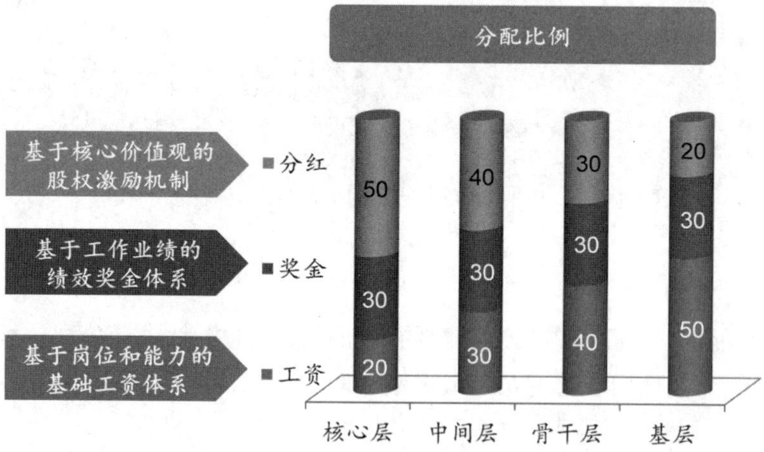

图3-8　不同层级员工收入建议分配比例

四、设计薪酬方案

企业在建立薪酬体系之前，首先需要明确自己的薪酬价值。一般情况下，企业的薪酬应该反映三个价值：个人价值、职位价值和贡献价值。其中个人价值(person)主要指员工以往的工作经验、知识、技能等；职位价值(position)主要指员工在该职位上的责任、影响等；贡献价值(performance)则是员工在这一职位上所做出的业绩。这三点也被称为薪酬支付的“3P(person，position，performance)理论”。除此之外，我们还需要从外部角度来确定员工的价值，即按照市场(market)价值来付薪。因此，薪酬支付的依据有4种，即“3P+M”，具体如图3-9所示。

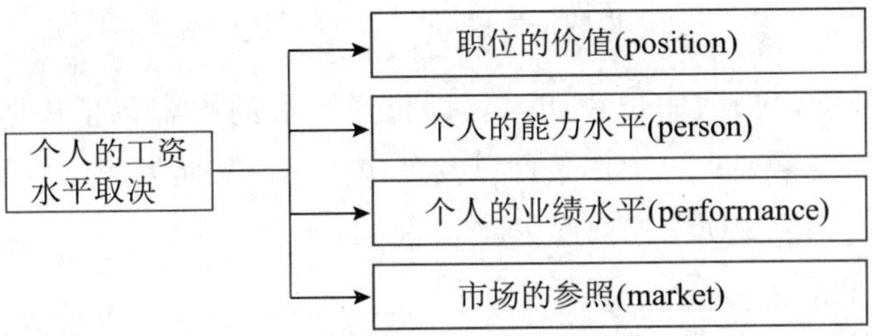

图3-9 3P+M模型

其中，以职位为基础和以能力为基础的薪酬体系是基本的薪酬体系，而另外两种薪酬体系的应用范围相对较窄，往往依附于前两种薪酬模式。

本章主要介绍基于职位价值的薪酬体系、基于能力的薪酬体系和基于业绩的薪酬体系三种薪酬方案。

(一) 基于职位价值的薪酬体系

基于职位价值的薪酬体系，依据该职位对组织的贡献、承担职位职责的人所具备的能力(包括知识、技能和经验等)和工作本身的特性来确定支付给员工的薪酬。基于职位价值薪酬体系的设计基础是职位分析与职位评价，不同岗位的工资差别主要是由工作评价结果决定的。

基于职位价值的薪酬体系适用于产出周期短、绩效难于考核、技术含量低的岗位。例如，普通管理岗位宜采用岗位工资模式，按照所在岗位责任的大小和相对重要性，以及岗位评价制定相应的岗位薪酬等级。同时，对于这些岗位而言，员工的经验积累和熟练程度也很重要，可适当考虑年龄工资，以年龄工资作为补充形式。

1. 职位薪酬体系的设计流程

以职位为基础的薪酬体系是根据每个员工职位的价值来确定其基础工资的。因此，职位工资必须建立在职位分析和职位评价的基础上。职位分析和职位评价是职位工资体系设计的基础。职位工资设计主要包括以下步骤，如图3-10所示。

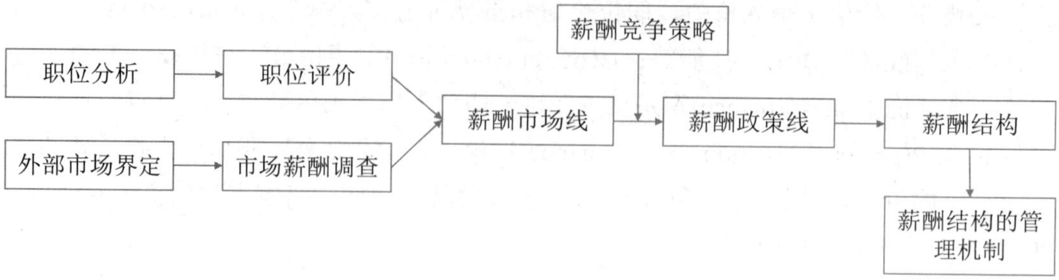

图3-10　以职位为基础的工资体系设计流程

(1) 通过职位分析，形成职位说明书。职位说明书的内容包括该职位的主要工作职责、业绩标准、任职资格要求、工作条件以及工作特征，从而为职位价值评价提供关于各职位的基础性信息。职位说明书的内容大致如图3-11所示。

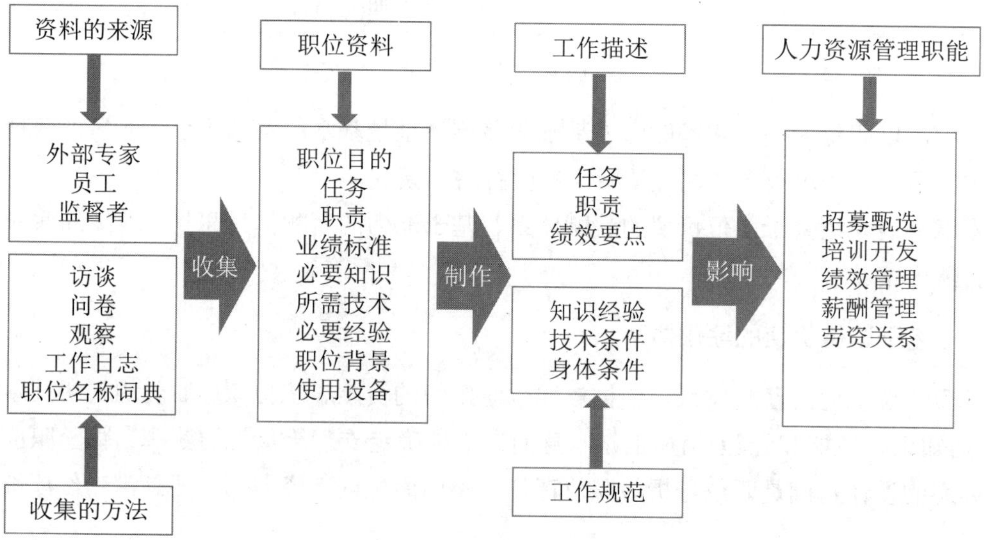

图3-11　职位说明书的内容

(2) 在职位分析的基础上进行职位评价。职位评价通过采用一套标准化和系统化的评价指标体系，对企业内部各职位的价值进行评价，从而得到各职位的评价点值，这种职位评价点值可以直接成为确定该职位基础工资的主要依据。职位评价的方法主要有排序法、分类法、因素比较法和要素计点法4种。目前企业中运用较为广泛的职位评价方法是要素计点法，要素计点法主要有4个维度：工作职责、工作复杂性和难度、任职资格要求和工作环境。这些维度所包含的要素都来源于职位分析，所以职位分析是职位评价的前提和基础。

(3) 在界定相关劳动力市场的基础上，进行外部劳动力市场薪酬调查。如果说职位分析和职位评价是为了实现薪酬设计的内部一致性，那么薪酬的市场调查就是为了体现薪酬设计的外部竞争性。通过对企业各职位进行外部劳动力市场的薪酬调查，结合外部薪酬调查的结果与职位评价的结果，形成反映各职位平均市场价值的薪酬市场线。

确定职位薪酬水平一般有两种方法：一种是基准职位转换法，即给所需要定价的能力找到一个类似的基准职位，并对此职位进行市场调查；另一种是等价职位对应法，即在内部的职位工资体系中寻找等价职位，这种方法更强调内部薪酬的一致性。

(4) 确定公司的竞争性薪酬政策。通过市场薪酬调查并结合企业的战略，基本就可以确定公司的薪酬政策，而薪酬政策是将职位评价的点值转换为具体的金钱价值的依据。

(5) 确定薪酬结构。前面的步骤所确定的每个职位的价值主要反映了其平均价值，企业还需要根据从事相同工作的不同人员之间的绩效差异、能力差异和资历差异形成不同的薪酬方案，包括每个职位等级的中点工资、最高工资和最低工资，这一过程就是企业薪酬结构的设计过程。

(6) 建立薪酬结构的管理机制。薪酬结构建立之后，整个企业的薪酬框架就已经基本形成，这时候需要建立对该薪酬结构进行管理的机制。该管理机制主要包括两个方面：一方面是现有人员和新员工如何进入这样的薪酬框架，即人员的入轨机制；另一方面是如何根据业绩、能力、资历以及其他因素(比如通货膨胀)对薪酬进行调整的机制。建立管理机制是动态调整、完善薪酬结构的关键。

2. 工资结构设计

工资结构设计是建立在企业职位评价结果和薪酬政策基础上的一个关键步骤。工资结构是指针对每一职位或者职位等级的工资范围，包括中点工资、最高工资、最低工资和工资范围系数。工资结构设计使得企业能够建立起对工资进行管理的结构，并使从事相同工作但拥有不同能力水平和工作绩效的员工能获得不同的报酬。工资结构设计一般有三种：薪点表、职位等级工资结构和宽带工资结构。

1) 薪点表

通常，员工的收入水平是以货币的形式表现出来的，而在职位工资中，我们用薪点表示员工的收入水平，员工的薪点越高，其薪酬水平越高。员工应得点数的多少由三个影响因素决定：职种、任职资格等级、绩效(见图3-12)。薪点没有单位，它随赋予每个薪点的货币价值不同而代表不同的金额。

薪点表反映了薪点的整体分布情况。设计薪点表的关键是要确定薪点表的起点和每个等级内部的级差。在确定了这两个基本变量之后就可以确定企业内部薪酬的坐标系，这个坐标系的最高薪级必须能够涵盖企业内部的最高工资水平。

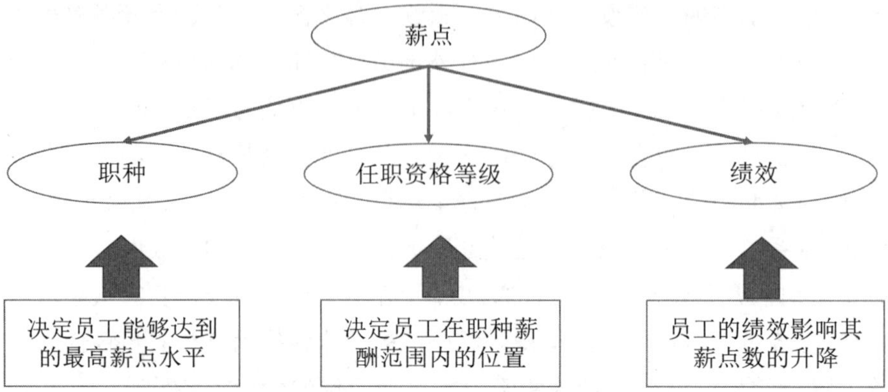

图3-12　薪点的影响因素

资料来源：彭剑锋. 战略人力资源管理：理论、实践与前沿[M]. 北京：中国人民大学出版社，2014：396.

首先将整个薪点表分成若干薪等，然后将每个薪等又分为若干薪级，如图3-13所示。薪点表中相邻薪等最低薪点数的差额叫等差。每个薪等的起点薪等数随着薪等的提高而增加，趋势是薪等越高，等差越大。通过这样的设计就为处于不同薪等的员工划定了不同的薪酬区间。同一薪等中相邻薪级的薪点数差额叫级差。在同一薪等中，级差相同；薪等越高，级差越大。之所以这样设计，是因为处于高薪等员工的薪点数较高，需要更大的提薪额度才能达到激励效果。

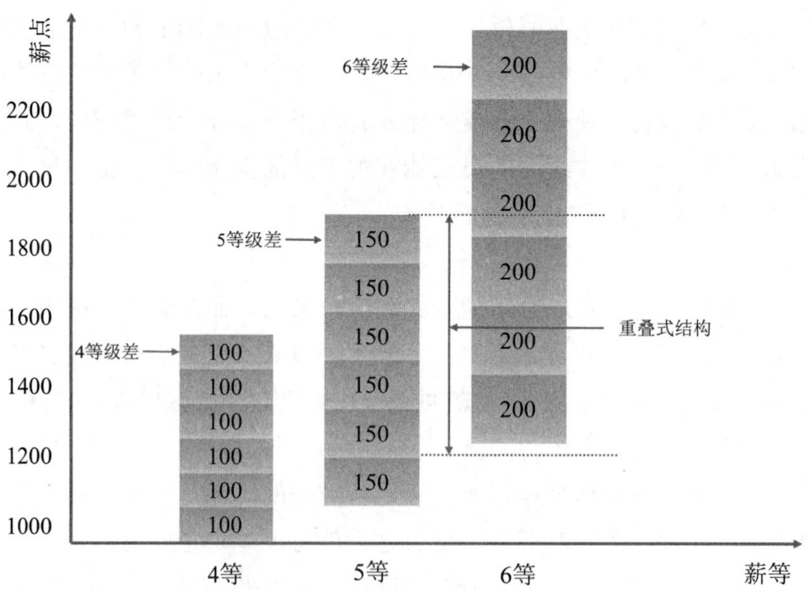

图3-13　薪点表示例

在薪点表中，相邻薪等之间有很大一部分是重叠的。这一方面给新旧工资体系的切换提供了回旋余地，可以确保员工收入在进入职能工资体系时，既能够保证原有收入的惯性，又可以体现出员工价值的差异。同时，这种设计允许处于低薪等的员工拿到的工资超过更高一个薪等的部分员工，对员工有着更大的激励作用。

2) 职位等级工资结构

职位等级工资结构是根据职位评价结果将组织内的职位划分为若干等级，然后针对不同职位等级设计工资范围的方法。这一设计方法往往包括如下步骤。

(1) 划分职位等级。划分职位等级的依据是职位评价得到的职位评价点值。划分职位等级时，需要将某一职位评价点值范围的职位划分到同一职位等级。每一职位等级内部所涵盖的职位评价点值范围有三种方式：等差、递增和递减。等差是指将某一相等差距范围内的职位归为同一职位等级；递增是指较低职位等级所涵盖的点值差距较小，较高职位等级所涵盖的点值差距较大；递减是指较低职位等级所涵盖的点值差距较大，较高职位等级所涵盖的点值差距较小。但不管采用哪一种职位等级划分方法，都必须充分考虑企业内部职位结构的现实状况，如果建立职位等级的点值范围太大，点值范围上层职位的员工就会感到他们的职位价值被低估；如果建立职位等级的点值范围太小，则会导致等级过多，这样虽然能实现内部公平，但同时也会导致管理效率低下。一般来讲，将企业内部的职位等级划分为5～9个职位等级，职位等级的数量往往随企业规模的不同而变化，小企业职位等级的数量比大企业职位等级的数量少，超大规模企业职位等级的数量往往会超过9个。表3-1是某企业的职位等级示例。

表3-1 根据职位评价点值划分职位等级

职位评价点值范围	职位等级
100以下	Ⅰ
101～200	Ⅱ
201～300	Ⅲ
301～400	Ⅳ
401～500	Ⅴ
501～600	Ⅵ
601～700	Ⅶ
701～800	Ⅷ
801～900	Ⅸ

(2) 建立工资范围。确定了每个职位等级的点值范围之后，下一步就需要为每一职位等级建立工资范围。所谓工资范围，是指每一职位等级的最低工资到最高工资的变动范围，它是针对同一职位等级的不同人员获得的不同工资范围。建立工资范围时首先通过薪

酬战略制定出工资政策线，然后根据工资政策线得出某一等级的市场工资，最后以市场工资作为中点工资。在找到中点工资之后，工资范围的决策将依赖于关于这一中点工资的适当“带宽”的选择。被选择的“带宽”将应用于这一中点值，以计算这一工资等级中的每一个职位所能获得的最高工资和最低工资。下面的等式可用来推算某一职位等级的最高工资和最低工资。

带宽=(最高工资-最低工资)/最低工资

最低工资=中点工资/(1+带宽/2)

最高工资=最低工资×(1+带宽)

上述公式中具有关键意义的变量在于带宽的选择，它表示某一职位等级的最高工资和最低工资之间相差的比率，不同职位等级工资范围的带宽不同。一旦确定了带宽，就可以根据中点工资和带宽计算出该职位等级的最高和最低工资。但是，带宽受到多种因素影响，必须根据企业的实际情况做出决策。

实际操作中有一种简单的办法可确定工资范围，即在一个职位等级中，干得最好的员工和干得最差的员工分别应该获得多少工资，从而决定该职位等级的最高工资和最低工资。

在不同职位等级的工资范围之间还存在重叠式结构，即下一个职位等级的最高薪点比上一个职位等级的最低薪点要高(见图3-14)。这一重叠部分的比例反映了上一个职位等级和下一个职位等级工资范围的重叠程度。重叠比例越小，代表组织鼓励下一个职位等级的员工致力于通过职位的升迁来获得报酬提升；反之，重叠比例越大，代表组织不鼓励下一个职位等级的员工致力于通过职位升迁来获得报酬提升。企业在具体的工资结构设计中应该采用多大的重叠比例，并没有通用的标准，需要根据企业的实际情况来决定。

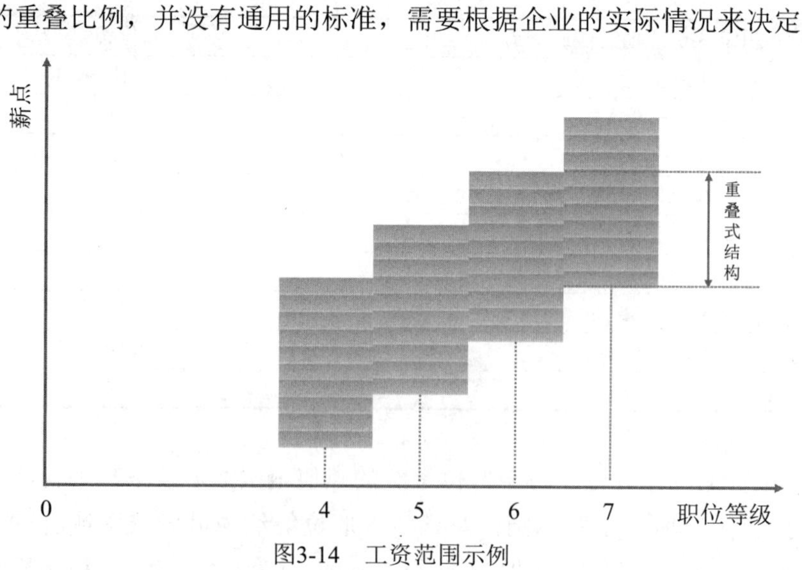

图3-14 工资范围示例

3) 宽带工资结构

宽带工资结构在组织扁平化趋势以及现代大型组织对复合型人才需求的前提下应运而生。它是在职位等级工资结构基础上改进的一种工资结构，它将传统职位等级结构中的几个相邻等级合并为一个等级，从而使每一等级的工资范围变得更大。宽带工资结构示例如图3-15所示。

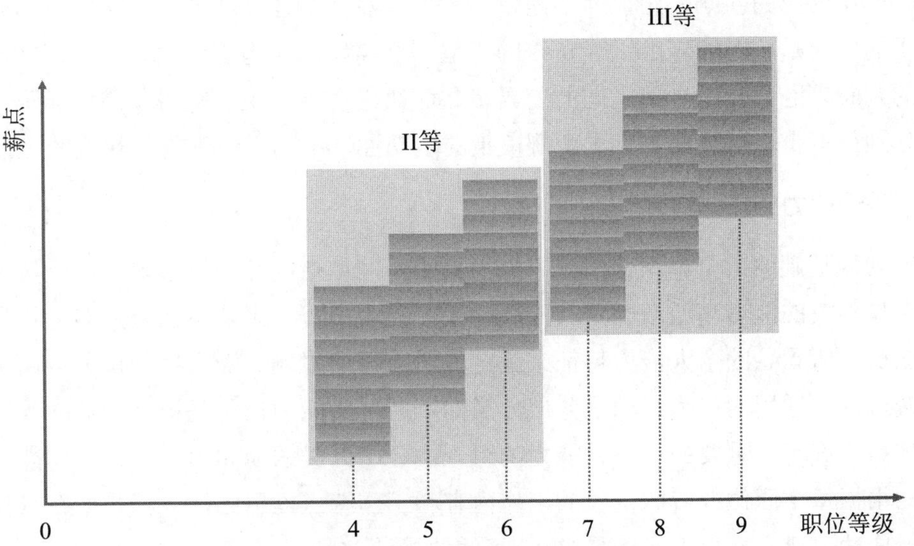

图3-15　宽带工资结构示例

(1) 工资宽带的设计。工资宽带的设计主要包括以下几个步骤。

① 确定工资宽带的数目。根据经验，宽带工资一般只采用4～8个职位等级，职位等级的划分要与组织内部的管理层级相联系。具有相同或相似职位名称或职位头衔的，往往被划分到同一职位等级，如总监、部门经理、主管等。

② 确定工资宽带的价位。因为工资宽带方法将组织内部的职位根据职位头衔或管理级别划分出少数几个工资宽带，所以处于不同部门的同一级别的职位必然处于同一个工资宽带。很显然，由于承担的职责和任职资格等薪酬要素不同，员工不可能获得完全相同的工资。要做出这种区分，就要确定不同部门同一级别的工资宽带，从而确定不同的工资水平。比如，同样是专员级别，财务部门专员的薪酬水平可能就要高于行政部门的专员，即财务专员的薪酬宽带要高于行政专员的薪酬宽带。而要确定财务专员的薪酬水平比行政专员高多少，往往有两个标准：一是不同职能部门对企业战略的贡献，战略贡献越大，薪酬水平越高；二是不同职能人员的市场价值高低。

③ 横向职位轮换。工资宽带的设计有利于在组织内部展开大规模的横向职位轮换，这种职位轮换不需要在薪酬体系的不同级别间进行，在同一工资宽带中轮换即可。如果组

织不需要进行或者不能成功进行大规模职位轮换，那么宽带工资就失去了其应有的价值和意义，宽带工资的弱点也就暴露出来了。

(2) 宽带薪酬的优缺点。宽带工资结构的优点在于灵活，有利于组织开展大规模的职位轮换，适应了组织的扁平化趋势，为员工在不能获得更多职位升迁机会的前提下提供更多报酬增加的机会。它的缺点在于难以控制。传统的职位等级工资结构更多地依靠职位等级来控制组织内部的薪酬差距，而不是依靠管理者对员工业绩和能力的判断。因此，这种报酬差距的确定是相对客观的。当传统的职位等级结构转换为工资宽带之后，就需要依靠管理者的判断来区分员工个体之间的差异，从而决定在同一工资宽带中不同人员应该获得的报酬分别是多少，这样就加大了薪酬决策的主观性，不利于组织内部薪酬的一致性。

(二) 基于能力的薪酬体系

以能力为基础的工资体系，简称“能力工资”，是指抛开职位因素，完全按照员工具备的与工作相关的能力高低来确定其报酬水平。能力工资必须建立在企业能力模型的基础上，根据员工所具备的个人能力特征来确定其所获得的报酬。能力模型可分为两种：一种是企业统一的、通用的；另一种是分层分类的。通用的能力模型是根据企业战略要求提出的对全体员工都十分重要的一系列能力的组合；分层分类的能力模型是在通用能力模型的基础上，根据每个职位或者职位簇的工作内容和工作特点提出的，驱动员工在具体工作情景下获得成功。建立能力工资体系的基本流程如图3-16所示。

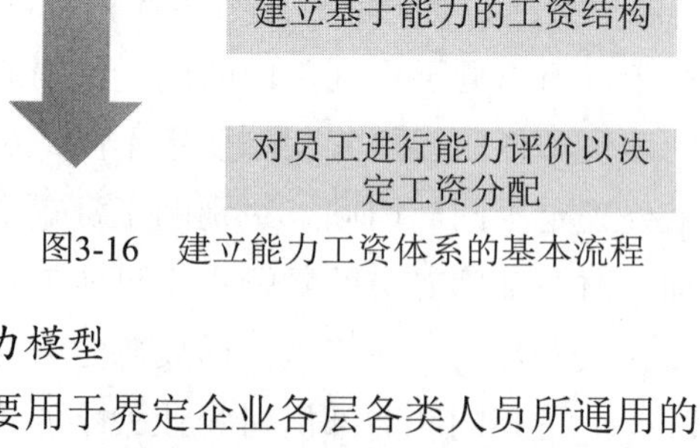

图3-16　建立能力工资体系的基本流程

1. 开发分层分类的能力模型

分层分类能力模型主要用于界定企业各层各类人员所通用的核心能力，即哪些能力支撑企业的战略，是企业的成功关键，是全体员工都必须具备的能力。企业要在划分职位簇的基础上，针对每个职位簇的工作内容和成功关键，提炼出适用于每个职位簇的个性化能力，将通用能力和每个职位簇需要的个性化能力相结合，进而得到企业分层分类的能力模型。能力模型除了要筛选出各层各类人员的能力要求之外，还需要对每项能力进行分级，并对能力的各个等级进行明确的界定。

2. 对能力进行定价

对能力进行定价是指确定员工根据其具备的各项能力能够获得多少报酬。能力定价的基本方法有两种：一是市场定价法；二是绩效定价法。市场定价法是指对每项能力在相关劳动力市场上所获得的报酬进行调查，根据薪酬调查结果确定每项能力在本企业应该获得的报酬。但是，由于这种薪酬定价的模式还不够成熟，市场定价方法适用性较差。绩效相关法是指根据每项能力与工作绩效的相关性来确定每项能力的价格，与工作绩效的相关性越高，该项能力的价格越高。在对每项能力进行定价的基础上，需要将各项能力的价格分解到它的每个等级上，从而决定员工通过具备某个能力的具体等级要求获得的报酬多少。

3. 建立基于能力的工资结构

基于能力的工资结构大多采用宽带工资结构，也就是在组织中仅仅采用少数几个工资宽带来代替传统的职位结构。主要操作步骤如下：首先，企业需要根据员工总体的能力差异性来决定企业需要多少个工资宽带，即将能力要求差异大的员工划分到不同的工资宽带。然后，对每个工资宽带的人员进行能力评价，用进入该工资宽带员工的最低能力来确定该工资宽带的基本能力要求。根据每个工资宽带人员的平均能力要求，结合前面所得到的每项能力各个级别的定价，就可以得到该工资宽带的中点工资。采用与职位等级工资结构相同的方法，就可以建立起该工资宽带的工资范围、最高工资和最低工资。以能力为基础的宽带工资结构如图3-17所示。

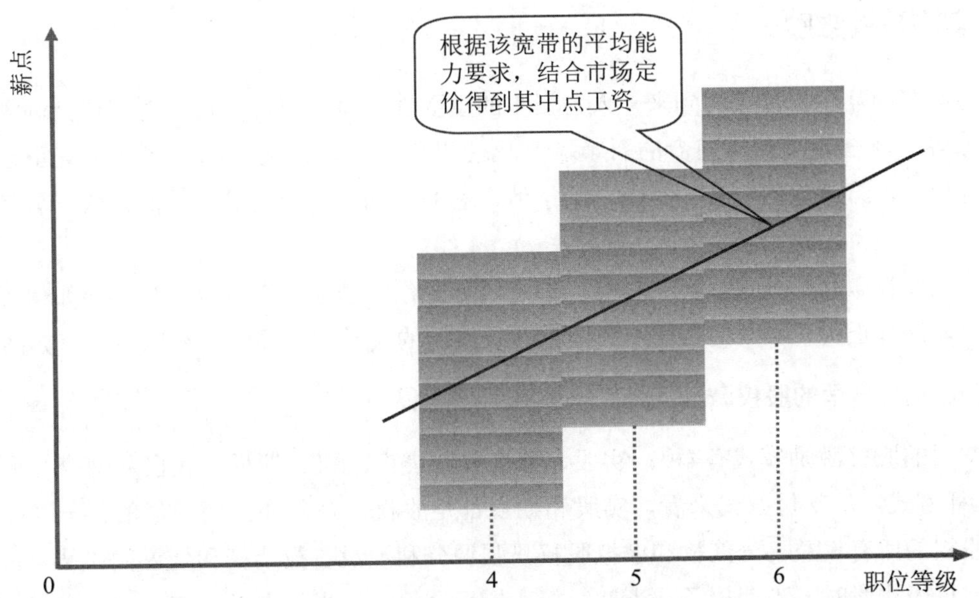

图3-17　以能力为基础的宽带工资结构

4. 对员工进行能力评价以决定工资分配

根据每个工资宽带的能力标准和工资范围对员工的能力进行具体评价，员工通过具备某个等级的能力而获得相应的报酬。能力并不等于现实业绩，因此，基于能力的薪酬体系在鼓励员工通过提高能力获得报酬的同时，往往带来组织成本的大幅度增加，而组织整体并没有得相应的经济价值，这是大多数以能力为基础的工资体系失败的主要原因。

能力评价本身的主观性较强，因此要保证这种工资模式的内在一致性具有较大困难，员工对这种工资体系的负面评价往往也较多。它往往适用于以知识为核心竞争力的企业，并不适用于大多数传统企业。它适用的职位类别相对较少，更多地适用于研发类和技术类人员，而对于管理类人员和一般操作人员，采用以职位为基础的工资体系更为适宜。

(三) 基于业绩的薪酬体系

业绩工资针对的是相同岗位不同的任职人员，它是浮动工资制度的一种形式。业绩薪酬由员工的行为表现和业绩决定，当员工工作表现超过岗位要求时，业绩系数就会超过1，员工收入就会超过标准工资；如果员工工作表现不满足岗位要求，业绩系数就会低于1，员工收入就会低于其标准工资，个人应得收入就会减少。业绩薪酬设计的基本原则是通过激励个人提高业绩来促进组织业绩的提高。

业绩薪酬设计必须明确需要达到的目标，有效利用业绩与薪酬的密切关联，使企业不必为所有的工作支付高薪，只为那些具备关键技能并能为企业创造高业绩的员工支付高薪，而对那些具备一般技能、业绩较低的员工支付平均或低于市场水平的薪酬。

五、实施股权激励

随着移动互联网时代的到来，人力资本的重要性凸显，要想让员工对工作充满激情，像领导者一样奋斗，除了使命的召唤、文化的引导之外，很重要的一点就是真正把员工当成合伙人，给予他们主人公身份，给予他们利益。既给身份又给利益的方式，就是股权激励。

虽然股权激励的重要性毋庸置疑，但是实际操作中的失败案例也不少，该如何进行股权激励才能真正实现激励的目的呢？股权激励实施的关键点主要集中在以下三个方面。

(一) 选择合适的股权激励工具

常用的股权激励模式有4种：实股、分红权、虚拟股权、期权。我们从两个方面来比较这4种方式。从支付方式来看，实股和期权都是股权，是需要工商登记的，一旦授予就具有股权的所有权益。分红权和虚拟股权只强调分利，没有投票权和处置权。从支付时间来看，授予实股时，当期授予，当期行权；授予期权时，当期授予，在规定的未来某个时间点行权；分红权只具有当期分红的权利，而虚拟股权除了具有当期分红的权利之外还具有未来的增值权。在选择激励方式的时候一定要根据企业的激励目的与激励对象的具体情况慎重选择激励方式。

(二) 明确股权激励的基本原则

(1) 讲贡献：以业绩贡献为导向，面向未来，兼顾历史。

(2) 绕核心：围绕核心业务、核心竞争力和核心人才。

(3) 双对等：激励与约束对等，责、权、利对等。

(4) 岗动股调，人走股销：岗位变动，股份数量即权益随之相应变动；人员离职，企业立即回购其股份。

(5) 双匹配：激励工具与激励对象相匹配，股权激励与企业的发展阶段相匹配。

(三) 股权激励的实际操作要点("十定"模型)

1. 定目的

定目的即确定股权激励的目的。不同的企业实施股权激励的目的不一样，有些是吸引优秀人才，有些是留住优秀员工，激励的目的不同，方法和结果不同。

2. 定架构

定架构即确定企业治理架构和控股架构。很多企业与分属企业存在关联交易，如果不梳理清晰，股权激励会受到员工的质疑。所以，企业在实施股权激励之前要明确股权激励的主体企业，尽可能把相关业务和关联企业并入主体企业，保持业务完整、独立。

3. 定对象

定对象即确定激励对象。确定激励对象的时候需要弄清楚以下问题：激励行为是基于岗位还是基于人？能否实现老员工(创业元老)与新员工平衡？能否实现管理人员与技术专家的平衡？前台部门与后台部门如何平衡？

4. 定模式

定模式即确定合适的股权激励模式。常用的股权激励模式主要有实股、期权、分红权、虚拟股权等。

5. 定数量

定数量即确定股票的数量与分配比例。

6. 定价格

确定股权激励计划中的股票价格要考虑员工的获得感，在设计价格的时候要综合考量。

7. 定时间

定时间分两个方面：一方面是指实施股权激励的时间点；一方面是指股权激励的实施周期。

8. 定来源

定来源即确定股份和资金的来源。股份来源主要有两个：一个是存量转让；一个是增资扩股。资金来源，主要是指员工购买股份的资金来源。这些资金可以是员工的自有资金，也可以是企业的分红。在员工自有资金不够的情况下，企业帮助符合条件的员工解决资金问题可以体现企业对员工的关怀与重视。

9. 定条件

定条件即确定股权的行权条件。

10. 定机制

定机制即确定参与、调整及退出机制。机制设计是股权激励里非常重要的部分，提前规划对股权激励能否成功实施具有决定性的作用。

第四章

牵引式绩效

第一节 认识OKR

如今，越来越多企业都开始运用OKR来进行绩效管理，相比于KPI这种绩效管理方法，OKR更偏重目标管理，是一种牵引式绩效管理。

OKR全称是objectives and key results，即目标与关键成果法。objectives即目标，key results即关键成果，OKR即“为确保达成企业目标的关键成果分解与实施”，是一套定义和跟踪目标及其完成情况的管理工具和方法。

OKR起源于德鲁克的目标管理。20世纪70年代，德鲁克管理思想的拥护者英特尔的总裁安迪·格鲁夫(Andy Grove)将目标与关键成果结合起来，即为“OKR”。接下来，甲骨文、谷歌开始实施OKR。OKR在谷歌成功实施后，OKR在硅谷开始流行。

一、OKR是目标管理工具

一般来说，每个企业或者每个人都会有自己想要做的事情，但是受到时间、精力、资金的限制，没有办法做完所有的事情，而OKR会帮助我们筛选出重要的事情，并且提出充满挑战的目标。

(一) 聚焦重要事项

衡量一件事情是否重要，我们可以这样思考：在接下来的3个月(或者6个月、12个月)里，什么事情最重要？成功的组织会将注意力聚焦在真正重要的事项上面。如果高层管理者清晰地知道在某一个时间段内最重要的事情，那么他的言行都会聚焦于此，其团队在工作中一定会围绕这些事项展开，高层管理者通过确定自己工作的重要事项确定团队的工作方向与工作重点。

从企业、团队、个人三个层级来说，每个层级都有自己的重要事项，它们彼此联系又有所差别。一般来说，企业级的重要事项由企业最高领导层决定；团队的重要事项大部分来源于企业的重要事项，剩下的少部分为团队专属重要事项；个人的重要事项，除了绑定企业和团队的重要事项，还包括自己想改变和挑战什么，这样既能保证企业的重要事项得以执行，又能保证团队和个人有一定的自由度。

不管是团队还是个人，当其目标上升为企业层面的重要事项时，那就意味着这项工作成为企业的优先事项。企业级的重要事项需要领导者在言行上做出公开承诺。正如后来执教谷歌高管团队的财捷集团(Intuit)首席执行官比尔·坎贝尔所说："当你是首席执行官或创始人的时候……你必须说'这就是我们正在做的事情'，然后你必须树立榜样。因为如果你不以身作则，没有人会真正在意这一目标。"

(二) 明确最高目标

为了取得卓越的成绩，组织中的所有人员都必须清晰地理解企业的最高目标。然而，一项调查结果显示，每三家企业中就有两家承认它们未能始终如一地围绕企业的最高目标前进。在一项针对1.1万名高层管理人员的调查中，大多数人都无法明确地说出自己所在企业的首要目标和优先事项，仅有一半的人只能说出其中的某个重要事项。如果连管理人员对企业的首要目标和优先事项都模糊不清的话，那么很难相信他们在工作中会做出有效的决策。

领导者必须清楚组织的重要事项以及自己部门的重要事项，并且要向员工解释清楚为什么这些事情是最重要的，以及做这些事情的思路与方法。因为只有当员工清晰地了解目标得出的来龙去脉才会知道做这件事情的意义，只有对事情的解决方法有了一定的思路之后才会有信心和动力去执行，员工在目标的带领下持续地帮助公司解决问题就是一个不断实现目标的过程。正如领英公司首席执行官杰夫·韦纳(Jeff Weiner)经常说的："当你不厌其烦地多次强调的时候，团队成员可能才真正开始听你说话。"

(三) 匹配关键成果

关键成果应该是明确的、具体的、可衡量的。目标往往能鼓舞人心且与长远计划相关，而关键成果应该是接地气的、明确的、具体的、可衡量的。如果目标要回答的是"我们想做什么"这个问题，那么关键成果要回答的是"我们如何知道自己是否达成了目标的要求"。关键成果是拉动目标实现的杠杆和实现目标过程中的一个个节点。关键成果包括很多指标，如收入、增长率、活跃用户、质量、安全、市场份额及客户参与度等。

(四) 少即是多

季度OKR的目标一般有3～5个。OKR不是一个什么都要完成的愿望清单，也不是团队日常任务的总和，而是一系列精心策划的目标，是优先要完成的重大事项。

就像拉里·佩奇所说，成功的组织往往是"最大化利用现有资源，集中精力去打造顶级产品的组织"。OKR就是通过聚焦来对组织的目标进行管理，从而让组织获得成功的一种工具。

二、OKR是协同沟通工具

OKR是协同沟通的工具，目标和关键成果的确定就意味着沟通的开始。因为执行过程中每周进度跟踪、每月进展总结、每季的总结反馈都需要建立在良好的沟通机制之上。

(一) 实施前的沟通

企业在决定实施OKR之前，必须弄清楚："我们为什么要使用OKR？为什么现在要使用OKR？"只有清晰明白地向员工解释清楚实施OKR的目的，他们才有可能接受。因为每个员工需要做的事情太多了，谁都不愿意被多加一些任务，如果他们不是从内心接受这个任务，就会对OKR的实施效果产生影响。

那么我们实施OKR的目的到底是什么？下面一些回答一定不能用：

我们准备从优秀到卓越！

我们希望取得最好的绩效！

因为很多优秀的企业都在用它！

前两个回答是空洞的老生常谈，对员工来说毫无意义。后一个回答更是不切实际，别的优秀企业都在用，你们企业就一定要跟风吗？你们企业有那些优秀企业的资质和条件吗？所以，你需要一些具体的理由说服员工。只有让员工清楚实施OKR的具体理由，才能让员工产生共鸣。

(二) 制定过程中上下级沟通

首先，目标制定过程中组织需要与员工充分沟通。在传统的金字塔型组织中，制定目标是自上而下的过程，员工并没有参与目标的制定，所以每次的目标分解就成为上级往下分配任务的过程，每次的目标分解都成为上下级之间的“博弈”。而好的沟通模式，一定是自上而下与自下而上相结合的方式，以形成个人目标与组织目标的一致性。各层级目标与关键成果的关系如图4-1所示。组织层级的目标大部分由决策层制定。如果团队目标数量是5个，那么其中应该有3个来源于组织的关键成果，剩下的2个则是团队自创目标。个人目标要与团队目标一致，因为只有这样，才能保证组织目标能够落实到每个层级。

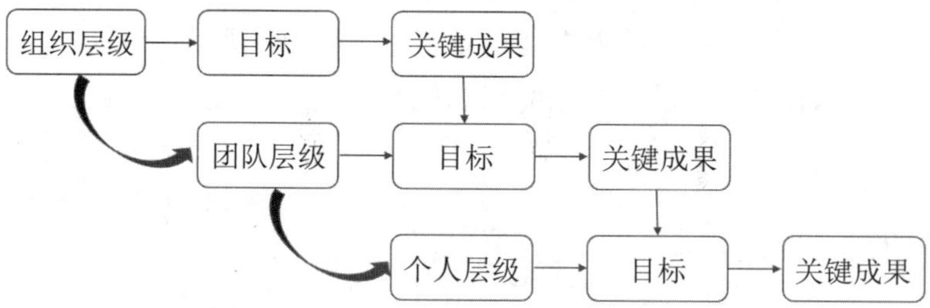

图4-1　各层级目标与关键成果的关系

(三) 执行过程中及时反馈

有些企业的OKR考核会以一年为周期，中途伴以季度OKR来支持年度OKR的实现，用年度OKR支持长期的战略规划。OKR的时间设定没有统一的标准，工程团队可能倾向于以6个星期为一个OKR周期，以便与产品开发进度同步；新创立的企业可能更倾向于以1个月为周期，以便随时调整策略。OKR考核一般以季度为单位，因为以季度为单位最适合当今快速变化的市场。以季度为期限有助于纠正员工工作中的拖延症，有助于带来业绩增长。

在实际管理过程中，“我只要结果，不问过程”是很多管理者的口头禅，但是现在的市场瞬息万变，竞争激烈，管理者很难做到不管过程。因为过程对了，结果才有可能对；如果过程错了，结果一定不对。

所以OKR强调过程管理，在季度OKR执行过程中的过程管理一般分为三种：周反馈、月总结、季度评估。周反馈主要是通过追踪检查，纠正偏差，保证组织的各部门、团队保持统一的方向和统一的节奏。月总结主要以复盘的形式开展，团队成员聚在一起，互相点评，回顾目标，分析过程，总结经验。

(四) 全程透明

OKR系统的透明性有利于激发责任承诺。

过去，员工的目标往往来源于职责要求或者上级的指令，这些目标不是由承担者清晰地书写出来的，缺少了承诺压力。过去，员工的目标与完成情况只有员工与直接上级知道，对于公司里的其他同事来说，这是“秘密”。而OKR方法要求将这一切“晒”出来，让众人进行监督。这种责任承诺能更好地推动执行。

1. OKR的透明性有利于促进协作

协作问题一向是组织中的难题，我们常用的解决方法是“通过培训提升管理者和员工的协作意识”。但是，这类培训属于态度类培训，其培训形式较难设计，培训效果很难评估，相对来说培训成本很高。而OKR的公开透明，使组织、团队、个人正在投入精力实现的重要目标可视化。这样，假设个人具有“同样的目标”，就可以与他人配合，或者借鉴别人的经验和成果，减少了公司资源的投入。当你与其他部门有相互依赖关系时，就会通过透明的信息，了解对方的目标、目的与进度，进而调整自己的工作安排。比如，企业的培训部门看到其他部门的目标，就能更加有针对性地提供培训支持，提升培训效果。

2. OKR的透明性提升敬业度

高敬业度，会给组织带来更大的效益。如何提升组织内人员的敬业度呢？公开透明的目标可以让员工将自己的目标与组织目标进行关联，让员工感受到自身工作的意义和价值，而意义和价值赋予了员工更强的动机，增强其荣誉感，从而提升员工的投入程度。

过去，员工的贡献主要依赖直接上级的评价，而使用OKR之后，员工的同事、其他领导都可以看到这个员工的目标与关键成果。员工的付出和贡献能得到更客观的评价，从而提升其内心的公平感。

挑战性目标能够激发员工的斗志。当员工看到别人实现富有挑战性的目标时，会激励他制定更富挑战性的目标。

荣誉感、公平感和相互激励，足以促进员工敬业度的提升。

3. OKR的透明性有利于建设敏捷组织

敏捷组织是未来组织的发展方向，是应对当前时代的有效方式。敏捷组织需要信息公开透明，实现信息共享。信息公开透明是为了员工能在新的、多变的组织形式下找到方向，不至于迷失目标。在敏捷组织中，尽量公开所有信息，让每一个员工清楚了解组织当前的优先任务是什么，如何完成这些任务，个人的工作和整个组织的前进方向有什么关联，是非常重要的。

三、OKR是自我激励工具

(一) 实现具有挑战性目标带来的成就感是对员工的最大激励

OKR中的目标一定具要有挑战性。埃德温·洛克被誉为“结构化目标设定理论之父”，他对目标的难易程度与实现结果之间的关系进行了大量实验和实证研究。研究结果显示，设定具有挑战性目标的员工，不仅会取得更好的绩效，还会增强自我驱动力。洛克指出：“设定明确而有挑战性的目标不仅可以提高工作的趣味性，同时也可以帮助人们体会到工作带来的愉悦感。” 2007年，美国国家工程院邀请包括拉里·佩奇、未来学家雷·库兹韦尔和遗传学家克雷格·文特尔在内的一些著名思想家，评估面向21世纪的14项“挑战性工程”。经过一年的讨论，专家组确定了一系列具有重大意义的挑战性目标，包括从核聚变中产生能量、大脑的逆向工程、防止核恐怖事件、构建安全的网络空间等。看到这些挑战性工程，作为读者的你我应该都能感受到被鼓舞，这就是挑战性目标的魅力。

越是有挑战的目标，就越能吸引那些想挑战自我的人。当一个人有明确的目标时，就会全力以赴、自动自发地去做，不需要有人催促。

(二) OKR的全程透明性是对员工最大的尊重

在传统的金字塔型组织中，之所以容易形成权力寻租、部门墙和筒仓效应，主要是因为信息不对称。OKR的全程透明性让员工有机会在OKR系统中看到董事长、总经理以及自己上级的OKR，了解相关进展，知道自己的目标推进给组织带来价值的时候，就会让员工产生归属感和价值感。这份归属感和价值感能够激励员工发挥更大的潜力，为组织创造更大的价值。

(三) OKR高频率的反馈沟通对员工是莫大的鼓励

OKR自执行开始，反馈频率比较高，周反馈、月总结与季度评估。及时地进行沟通、反馈、总结、评估，不仅有利于管理者了解员工的目标执行情况，也有利于员工从管理者那里得到对自己的真实评价，进而了解自己的不足，不断完善与提高。

四、OKR是管理创新工具

(一) 随时修订的敏捷性

外部环境的快速变化要求企业能打“移动靶”。现在的市场竞争异常激烈，很有可能项目进行到一半的时候，我们发现方向不对，这就要调整整个团队的目标，或者重新设计目标。外部环境促使企业需要具备“快速应变”的能力，OKR正好契合时代的要求。

一般而言，即便调整OKR，也很少更换目标，主要是变更关键成果。因为在OKR方法中，关键成果决定了目标能否实现，所以要不断评估关键成果是否达成。如果一个关键成果连续两到三周没有进展，就要马上考虑更换。因为关键成果一直没有进展，就会影响目标的实现。还有一种情况是，这个关键成果在实际运用过程中，虽然进展比较顺利，但可能与实际要达成的目标渐行渐远，也就是说这个关键成果存在潜在的风险。OKR的目标导向决定了，一旦发现某个关键成果在运行过程中不能真正有效达成目标，就必须立即更换，而不是等季度评估后再更换。

(二) 持续跟进的可延续性

OKR是一种持续经营业务的方式，应该深深植入企业文化中。OKR永远不会结束，它会伴随企业的业务一直存在。因为没有一个企业能够在某个时刻自信地宣布其成功了，也没有企业能够在某一天说自己已经实现对市场的绝对统治。因为企业所处的环境在不断变化，整体经济形势等宏观因素也在不断变化，市场竞争形势迫使企业不断调整战略。

第二节　OKR的制定

一、目标的设置

(一) 目标的分类

谷歌将OKR分为两类：一类是承诺性目标，另一类是挑战性目标。这两者有着本质的不同。

承诺性目标与日常考核指标紧密相连，管理层从公司层面来设定这类目标，员工则从部门层面设定这类目标。一般来说，承诺性目标(如销售目标和收入目标)应在规定的时间内全部完成。

挑战性目标反映了更宏伟的蓝图、更高的风险。挑战性目标可以来自公司任何层面，旨在激发整个组织的积极性与活力。由挑战性目标的定义就不难看出，挑战性目标是极难实现的，平均失败率为40%。

(二) 目标的数量

当我们制定OKR的时候，会发现有太多的事情需要做，好像每一件事情都至关重要、缺一不可。但是，OKR并不是待办清单，而是用来聚焦的工具。所以，我们在制定目标的时候，一定要记住：少即是多。如果什么都做，那么什么都做不成。

在制定目标的时候，我们一定要明确目前公司最重要的事情是什么。一般情况下，我们建议将目标的数量控制在2～5个，为每个目标设置2～4个关键成果为宜。

(三) 目标的来源

1. 公司层面的目标来源于企业的战略目标

组织目标一般分为两类。一类是销售业绩目标，这类目标从企业层面的业绩目标开始，按企业业绩目标—主管销售副总经理的目标—销售总监的目标—销售经理的目标—销售团队每个人的目标这一路径层层分解。还有一类是管理效率目标，是对管理效率目标的分解。

怎样确保目标来源于战略？主要做到以下几点。

(1) 上级的关键成果是下级的目标。如图4-2所示的目标分解中，某橄榄球队总经理的目标是“为股东创造财富”，关键成果1是“赢得超级碗的胜利”，关键成果2是“主场上座率达到90%”。这个关键成果的设置很符合总经理的目标，因为如果赢得了超级碗比赛的胜利，并且主场上座率达到90%，一定会为股东创造财富。

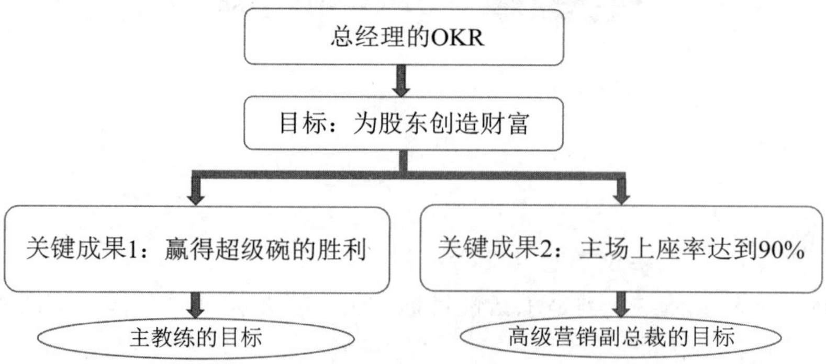

图4-2　某橄榄球队总经理的OKR示例

(2) 个人目标、团队目标与组织目标紧密相连。个人目标表现为组织成员希望通过他们在组织中的努力所要达到的目标，主要包括职位晋升、增加工资、改善环境、实现抱负、被社会认可等。组织目标反映了组织成员的共同利益，而个人目标是组织成员之所以愿意在该组织中工作的主要原因。团队目标是在团队建立之初就确定的，来源于组织目标，是这个团队成立的原因。组织目标、团队目标和个人目标一致，才能形成合力，否则就会出现内耗。团队目标与组织目标要一致，每年要随着组织目标进行调整。团队中的每个成员的个人目标也要与团队目标一致，并结合自身状况进行阶段性的调整。

(3) 要有一定数量的个人目标由员工本人提出。OKR可以将员工想做的事与企业想做的事结合在一起。在OKR方法中，上级的关键成果就是下级的目标，每个人最多只能有5个目标，其中3个目标可以来自上级的关键成果，2个目标由员工自己提出。这种“3+2”的模式，结合了上下级共同目标，能有效地激发员工的无限潜力，让他们做自己想做的事，并与上级的关键成果紧密结合，从而达到共赢的局面。

2. 目标的制定原则

(1) 目标描述要清晰。清晰是目标制定的基本原则。如果目标清晰，员工就会有明确的奋斗方向；如果目标模糊，员工就会无所适从。不清晰的目标只能成为口号，不具有任何激励作用。一个清晰目标的描述具备以下三个特征。

第一，清晰的目标有具体的范围和领域。目标要有具体的范围和领域，不能泛泛而谈。比如，“提高销售额”就不是一个清晰的目标。如果我们将其修改为：拿下南湾区的咖啡直销零售市场！效果就完全不一样了。首先，我们知道目标市场是南湾区；其次，我们知道产品是咖啡；再次，我们还清楚，我们要开发的是零售市场，而不是企业市场；最后，“拿下”一词表明了管理层对这一任务的坚定决心，具有鼓舞人心的作用。

第二，清晰的目标有明确的动作指令。所谓目标，是组织期望的前进方向，意味着要行动。因此每一个目标描述都应该以动词开始，体现一定的行动。例如，“推出一个很棒的最小化可行产品(MVP)”“改变帕洛阿尔托地区的优惠券使用习惯”“完成一轮融资”都是由动词开始描述的。

第三，清晰的目标要采用通俗易懂的语言。因为只有这个目标通俗易懂，朗朗上口，才能带来很好的传播效应。在制定目标时，应尽量避免使用生僻的字词、专业术语或者缩写词。如果非用不可，也一定要确保所有人都能理解它的含义。

(2) 目标具有挑战性。孔子有云：取乎其上，得乎其中；取乎其中，得乎其下；取乎其下，则无所得矣。所以要想取得卓越的成就，目标就一定要制定得高远且具有挑战性。目标的挑战性是OKR的突出特点。挑战性目标有利于塑造创业文化，迫使人们打破原有的思维局限，让企业经营得更为出色。

案例：英特尔的目标战略

在英特尔“粉碎行动”中，英特尔的目标是通过发动一场“要么做，要么死”的战役去占领16位芯片微处理器市场，这个项目最终的目的是广泛传播8086微处理器的优势。在比尔·达维多的带领下，“粉碎行动”制定了当时最大胆的目标——一年内赢得1000个设计合约，这比前一年的销售量高出50%。1000，这个当时看上去巨大的数字在随后正式制订计划时，竟变成了2000，成为销售人员的营销目标。

2000个设计合约意味着每个销售人员每月需要获得一个设计合约，是原来销量的3倍，而事实上，很多长期客户都已经放弃使用它了。这一目标在他们眼中就像珠穆朗玛峰一样可望而不可即。当有人问比尔·达维多为何设定如此高的目标时，他回答说：“我之所以选择2000这个数字，是因为我认为我们需要‘凝聚力’，而这个数字恰恰是凝聚力的塑造点。”

当然，英特尔也不是给员工设定完目标就不管了，随后，公司给销售人员制定了相关激励政策：第一，奖励所有实现目标的员工一次大溪地双人旅行。第二，如果团队中有一个人没有实现目标，那么他所在的整个团队都会失去这次旅行的机会。刚开始时，团队业绩严重落后于目标标准，在任务的压力下，团队不得不思考是否应当放宽标准。但是，就在那年夏天，介绍大溪地的全彩小册子神秘地进入每个销售人员的家庭邮箱。于是，到第三季度时，落后者开始感受到了巨大的压力。

年底时，整个计划共获得了2300个设计合约，超过了既定的目标。8086微处理器在市场上占有了绝对优势，而令人振奋的是，几乎整个销售队伍都去了大溪地。

这一切都是因为制定了一个挑战性目标，是它让一切都变得不同。

资料来源：约翰·杜尔. 这就是OKR[M]. 曹仰峰，王永贵，译. 北京：中信出版社，2019: 178.

(3) 目标要可达成。虽然，我们强调目标要具有挑战性，但是我们必须找到理想与现实的平衡点。一方面，我们鼓励员工尽可能将想象和潜力发挥到极致；另一方面，我们强调“有度”，即目标应在可达成的范围内。如果目标过于夸大，超出企业能力范围太多，会产生一些副作用，比如侵蚀企业文化，打消员工积极性，甚至诱使大家铤而走险或实施一些不道德的行为。当一些管理者或者员工意识到自己的目标不可能达到时，可能会产生“踢猫效应”，造成负面的企业氛围。

(4) 目标之间要有相关性。各个层级的目标要有相关性，相互支持，并符合实际。如果上级目标与下级目标相关联，各部门之间的目标相关联，个人目标与部门目标、组织目标相关联，组织的协同就实现了。而且，在实施OKR的组织中，所有人的OKR都是公开的。这种公开透明的形式可以增加部门与部门、部门与个人、部门与组织之间的协同。根据《哈佛商业评论》的研究成果，与普通公司相比，员工高度协同的公司成为业绩最佳者的可能性高出一倍以上。

例如，某企业CEO宣布"客户保留"是他们的头等大事。以前，在CEO宣布决定后，大家理所当然认为客服团队应该更加努力，因为客服团队的职责是负责老客户关系的维护和新客户的开发。但是"客户保留"成为OKR之后，产品团队就应该思考怎样改进产品才能促进客户保留；市场团队就应该思考用怎样的营销方式才有利于现有客户的保留；销售团队也一样，他们就会开始思考是否应该花更多时间去拜访现有客户。这样，公司、团队到个人的目标就趋于一致了，也就具有了协同效应。

(5) 目标要有时限性。各项目标都要有明确的完成日期，这样能够便于监控和评价。

二、关键成果的设置

(一) 关键成果是什么

关键成果是什么？我们可以从以下两个方面来理解：一方面，关键成果是实现目标的策略与措施，即我希望实现目标，需要通过关键成果来实现；另一方面，关键成果是目标是否实现的衡量标准，即我希望实现目标，通过关键成果来衡量。

在《这就是OKR》一书中，约翰·杜尔介绍了他做的第一个OKR：

目标：展示8080处理器的卓越性能(与摩托罗拉6800相比)。

关键成果1：编写5个基准程序。

关键成果2：开发1个样本。

关键成果3：为现场人员编制销售培训材料。

关键成果4：与3位客户联系，证明材料可以使用。

约翰·杜尔的这个OKR是OKR设定的标准结构：O(目标)＋KRs(关键成果)。其中，"编写程序、开发样本、编制材料、客户验证"是完成"展示8080处理器的卓越性能"的关键策略或措施；"5个""1个""3位"是关键策略或措施的度量。目标和关键成果之间的关系，就如同愿景和执行、蓝图与计划之间的关系。

(二) 关键成果的特点

1. 可衡量

(1) 关键成果应该是可以衡量的。关键成果可以通过原始数据(如网站新访问用户数)、销售金额(新产品收入)、比例(新老客户的百分比)或者任何其他定量进行描述。虽然很多工作无法量化(比如，对研发人员、设计人员的工作成果很难给出具体的量化指标)，但要用关键节点的成果进行衡量，如测试上线、产品交付、客户验收等，只要能够明确产出的成果，就可以作为衡量的依据。

某公司有三类参与者，分别是读者、博客作者和广告商。公司发现每次活动都会引起读者数量的增长，而读者数量的增长又会带来更多的博客作者，更多博客作者会吸引广告商投入更多的钱，从而形成公司收入快速增长的良性循环。公司意识到需要刺激广告商们开展更多的活动，同时也注意到绝大多数广告商只开展了一次活动，因此公司围绕读者增长这个主题产生两条关键成果：第一，50%的已注册用户在两周内开展1次活动；第二，广告商平均开展活动的数量从1个增长到5个。

为了提升平均活动数量，公司为那些在第一周内开展活动的广告商提供打折优惠，这促使很多客户不断开展广告活动。很多客户在打折活动期间购买了多个全价广告活动，从而大大提升了公司的整体收入。

(2) 关键成果可通过评分来衡量。在创建关键成果的时候，需要创建一系列指标值来具体指明杰出绩效、良好绩效和一般绩效的标准，并用分数来衡量。比如，工程师团队的一个目标是：在多个国家发布推送通知功能。“多个国家”是一个模糊的概念，我们可以通过设计评分细则来量化目标。

2. 挑战性

目标是具有挑战性的，关键成果也一定要与之高度匹配。我们以招聘经理的OKR为例，如表4-1所示。

表4-1 招聘经理OKR示例

目标	每个月筛选10个优秀的候选人
关键成果1	进入候选人所在的20个微信群
关键成果2	举办两场专业论坛或者峰会
关键成果3	与市场人员一起走访12家客户
关键成果4	每周在知乎、简书上发表一篇文章，介绍公司的产品和技术

从表4-1中，我们可以看到这个招聘经理的关键成果都是非常规的招聘手段，每一项对于招聘经理来说都极具挑战性。

3. 可调整性

一旦遇到相关关键成果连续几周没有进展，就要重新制定更为合适的关键成果。

4. 可追溯性

关键成果的可追溯性主要表现在以下两个方面。

(1) 每个关键成果都有对应的责任人和完成时间。在社会心理学中有一个众所周知的现象叫“旁观者效应”。它指的是如果多人同时负责一件事，人们采取行动或承担责任的意愿就会降低。如果关键成果没有分配具体的责任人，没有人对最终结果负责，这个关键成果就形同虚设。关键成果责任人并不是对关键成果的达成负责的唯一责任人，而是被指定来作为该关键成果的信息汇聚点，负责在关键成果实施期间以及实施结束时跟进和更新关键成果。并且，在制定关键成果的时候，关键成果要设置完成期限。设定完成期限是提高效率的好办法，能避免将大量时间用于内在消耗上，时刻提醒员工现在已经是该做事情的时候了。关键成果的负责人和预估的完成时间增加了关键成果的可追溯性，而可追溯性有利于提高关键成果的完成率。

(2) 关键成果的可追溯性还表现在对关键成果完成情况进行高频率的总结与反馈。OKR在执行期间，企业通过周反馈、月总结、季度评估能够及时发现关键成果的问题，随时调整与纠偏，以确保目标的实现。

(三) 关键成果的制定方法

企业要始终以目标为核心来制定关键成果。制定OKR一般遵循下面三种思路，如图4-3所示。

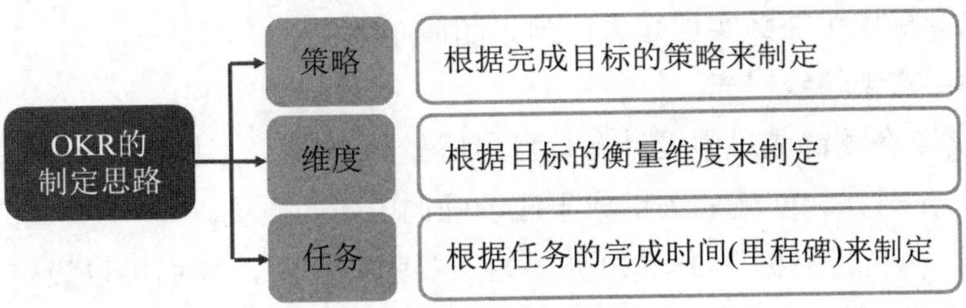

图4-3　OKR制定思路

1. 根据完成目标的策略制定关键成果

企业在制定关键成果时，可围绕目标，分析影响目标实现的关键驱动因素。只要这些关键成果达到预期效果，企业就能实现目标。

首先，检查这些关键成果是否符合商业逻辑。在商业实践中有一些成熟的商业逻辑，企业可以依据成熟的商业逻辑来确定关键成果。例如，按照“销售收入＝流量×转化率×客单价”的商业逻辑，我们可以制定如下所示的OKR。

目标：提高销售收入。

关键成果1：通过加大宣传，提高日流量至×人。

关键成果2：通过数据分析、优化体验等方式，提高转化率至×%。

关键成果3：通过产品组合优化、促销活动等方式，提高客单价至×元。

其次，确定这些关键成果的影响因素。我们可以根据专业经验、行业实践等分析影响因素，按照影响因素制定关键成果。例如，以“提高客单价”为目标，按照专业经验有4种方法：价格刺激、销售推荐、关联销售、产品组合。按照上述分析，我们可以制定如下所示的OKR。

目标：提高客单价。

关键成果1：通过价格刺激措施，新增收入×元。

关键成果2：通过关联销售设计，实现收入×元。

关键成果3：通过产品组合设计，实现收入×元。

关键成果4：优化销售推荐话术，每周对所有销售人员进行一次培训。

2. 根据目标的衡量维度制定关键成果

企业在制定关键成果时，可以从目标的不同衡量维度来着手。例如，我们可以制定如下所示的OKR。

目标：打造一款旗舰手机。

关键成果1：设计新颖，在10家行业主流媒体获得高度认可。

关键成果2：摄像头能够实现超大广角、超微距效果。

关键成果3：实现超级快充。

有时，也需要在关键成果中设计衡量目标质量的要项。《这就是OKR》一书指出：当关键成果聚焦产出时，相匹配的关键成果应该强调工作的质量。

以“打造一款旗舰手机”OKR为例，如果要强调创新，我们可以设定“几项发明专利”作为关键成果，而“几项发明专利”就是对项目工作质量的衡量。

3. 根据任务制定关键成果

如果完成目标的实施路径非常清晰，可以按照任务完成时间(里程碑)制定关键成果。例如，我们可以制定如下所示的OKR。

目标：顺利导入OKR。

关键成果1：1月底前，选择外部顾问对管理层人员进行培训。

关键成果2：2月底前，完成对管理层人员撰写OKR的辅导。

关键成果3：3月底前，组织OKR复盘。

一般来说，根据策略方法制定关键成果，可以显示完成目标的关键要素；而根据任务方法制定关键成果，仅关注任务完成时间。所以，我们建议根据策略方法制定关键成果，这样可以让我们对目标的完成逻辑有更清晰的思考，目标完成过程也更有针对性，因为“想得越清楚，执行得越好”。下面以目标“了解用户真实需求，为概念设计提供有效支撑”为例，分别用策略方法和任务方法制定关键成果，供大家参考，如表4-2所示。

表4-2　不同方法制定OKR的对比

O：了解用户真实需求，为概念设计提供有效支撑			
根据策略方法制定		根据任务方法制定	
关键成果1	销售团队对100家重点客户进行访谈，完成重点客户访谈报告	关键成果1	1月底前，通过分析用户类型、用户决策流程，完成用户调研对象清单
关键成果2	产品管理团队组织5场行业专家座谈会，完成专家意见汇总报告	关键成果2	1月底前，通过关键竞争对手功能分析和销售部门意见收集，完成用户调研方案
关键成果3	设计团队对新老用户进行20次用户测试，完成测试报告	关键成果3	2月底前，按照调研方案，完成数据收集
—	—	关键成果4	3月底前，通过数据分析完成用户需求调研报告

三、OKR的运行流程

OKR的运行流程如图4-4所示。

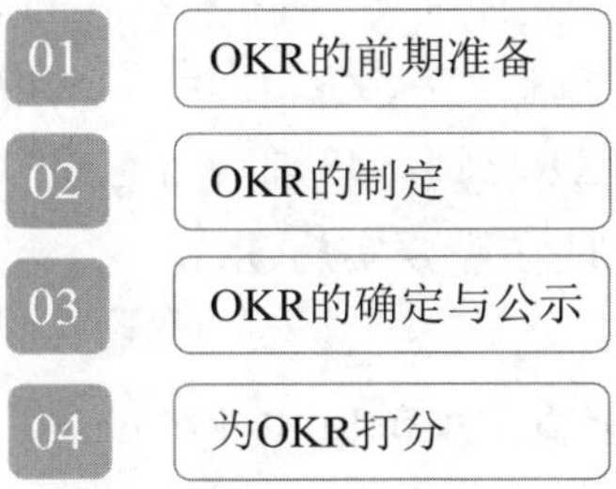

图4-4　OKR的运行流程

(一) OKR的前期准备

组织确定要实施OKR之后，就要开始着手进行OKR的前期准备，具体工作主要包括以下几个方面。

1. 获得高管的支持，建立项目实施小组

组织一旦决定要实施OKR，就要确定这个项目的负责人。OKR的负责人对项目的成功发挥着至关重要的作用。OKR的负责人最好是企业的高层管理者(得到高层管理者的支持)。高层管理者直接分管并全程参与这个项目，才能确保项目的高效推行。《孟子·滕文公》有云："上有所好，下必甚焉。"如果高层管理者对这个项目不够了解，不够热情，下属肯定不会尽心尽力做这个项目，项目的结果可想而知。相反，如果高层管理者能展示他对OKR项目的热情，并且在言行上支持它，那么下属一定会重视，并且尽力去执行。

怎样获得高层管理者对项目的支持呢？可以从以下几个方面来进行。

(1) 建立项目小组，让组织中某位高层管理者亲自挂帅，担任项目小组的组长。思想决定行动，人们不会做那些他们不愿意做的事。事实上，行动也会影响思想，正是由于人们做了那些事，他们的观念才发生了相应的转变。也就是说，你更有可能支持那些你已经在做的事。因此，务必把高层管理者拉入OKR项目中来，让他亲自参与。这样，他就能帮助教育团队、跟踪OKR进程、给出执行评分，并针对问题给出相应的调整方案。但是企业的高层管理者事务繁忙，没有时间深陷在项目里面，这时还需要一位公正、客观、懂技术的项目副组长来推进项目，以获取全公司各部门配合，并适时启动员工大会、复盘、表彰等相关流程。项目副组长的人选最好是人力资源部门负责人。

(2) 把OKR与高层管理者关注的某件事情联系起来。如果项目的出发点与高层管理者个人兴趣是吻合的，该项目自然就能获得他们的积极支持。如果恰好高层管理者关注市场反应速度，那么正好可以与OKR的快节奏相关联。

(3) 提供OKR培训，让高层管理者感受到它的价值和意义。通常，一个人在支持任何一个新项目前，首先要能感受到它的价值和意义，这个价值和意义源于对一件事情的综合理解。认识事物都会有这样一个过程：从学习知识到感知意义再到发现价值，最后达成行动承诺。因此就要提供基础的OKR培训，培训内容包括OKR定义、相关示例、OKR能带来的预期收益，以及为什么组织现在需要实施OKR。

2. 确定OKR运行的层级

OKR可以仅在组织最高层实施，也可以在业务单元/团队层面开展，或者先在某个特定的项目中试点，或者直接在整个组织中实施。

(1) 对很多组织来说，从最高层开始实施OKR有很多好处，可以清晰地传递了组织最关注的是什么，可以为以后在更低层级组织实施OKR提供借鉴。这样做可以让组织快速、流畅地切换到OKR上来，同时也给员工一定时间去消化这个概念，帮助他们理解OKR是如何帮助组织取得更大成功的。

(2) 在业务单元/团队层面实施OKR有两个方面需要注意：一方面是目标的制定，虽然业务单元的目标相对容易，但是要注意与组织总体战略目标相关联；另一方面就是要提前做好基础知识的培训，比如相关的专业术语怎么解释、如何评分等。

(3) 在某个项目中实施OKR相对比较容易：首先找出该项目的目标，然后制定相应的关键成果并确保其成功。这种方法可以创造出一个融洽的交流环境，同时加强对项目的管理。

(4) 在整个组织中实施OKR是OKR实施的终极目标。但是我们不建议一开始就在组织内部全面施行，因为同时在多个层级实施造成的影响太大，一旦某个环节没有执行到位，其负面影响会很大。我们建议，先通过部分层面试点，成功之后逐步推行开来。

当然，具体在哪一个层面实施，用什么样的节奏实施，还需要根据组织的具体情况来决定。

3. 开展OKR相关知识培训

组织一旦决定实施OKR，就需要对有关人员进行相关知识的培训。培训贯穿于项目执行的全过程。按照项目周期，培训可以分为以下三种。

(1) 实施前的培训，主要以OKR理念宣传为主，具体包括以下内容：为什么要实施OKR？OKR的发展趋势是什么？组织有何预期收益？对于个人成长有什么样的帮助？

(2) 实施早期的培训，以OKR的基础知识为主，具体包括以下内容：OKR是什么？目标与关键成果的关系是什么？怎样设置目标与关键成果？

(3) 执行中的培训，具体包括以下内容：OKR执行中常见问题以及解决对策的培训；现场会议的指导，主要指对周反馈、月总结、季度评估的指导。

(二) OKR的制定

1. 设定目标

首先，根据组织的战略目标，确定组织年度工作重点，即确定组织层面的目标；然后，将组织层面的目标分解给组织的每个部门以及每个人。

2. 明确每个目标的关键成果

在制定关键成果的过程中，要注意以下几点：第一，重点清楚，主次分明，只写关键的有挑战性的部分，不要进行事项的罗列，因为关键成果是有数量限制的，每个目标包括2～4个关键成果即可；第二，明确说明打分标准和细则；第三，明确每一个关键成果的负责人以及完成时间。

3. 沟通、讨论、修改

部门与个人制定OKR之后，首先需要在更大范围内进行讨论。通过讨论，可以进一步加深大家对OKR的理解，可以增加大家对彼此工作的了解，可以通过面对面沟通的机会进行跨部门工作的协调，有利于大家达成共识，保证工作步调的一致。最后，根据大家沟通、讨论的结果对OKR进行修改。

(三) OKR的确定与公示

公示并不只是把确定好的OKR通知全体员工，还要就为什么定了这些目标，实现这些目标对公司的意义，一起完成这些目标需要大家分别做什么等问题进行具体的沟通，确保大家对目标的理解一致。公示以后，每个人都可以看到其他人的OKR，包括高层管理者的OKR，通过了解别人的OKR，就可以更好地评估自己的OKR。

(四) 为OKR打分

对OKR的得分，我们必须要有心理准备。在刚开始实施的时候，关键成果得分低是完全可能的。因为在制定目标时，我们总是期望能实现突破，对预估过于乐观，而实现并非如此。在这种情况下，我们应该仔细检查到底发生了什么，从那些未达成预期成果中吸取经验教训，从而在下次制定目标的时候做出更准确的预测。

还有一种与上述情况完全相反的可能，即所有的OKR的得分都接近1.0分。这很可能是因为指标值设置得太低，也就意味着我们在未来需要仔细考虑并设定一个更合适的指标。根据经验，关键成果得分的最佳区间是0.6～0.7。不过，真正重要的并不是这些数值，而是数值所引发的沟通和交流。

在企业内部，我们建议用统一的评分系统和评分标准。我们比较推荐四级评分系统：0，0.3，0.7和1。

四、OKR的过程管理

(一) 执行周期

OKR一般以季度为单位对目标进行管理，其完整周期分为两个部分：一部分是复盘上季度OKR；一部分是确定当季的OKR。

在传统的目标管理和绩效考核工作中，大多在下个考核周期开始前(如年度末、季度末、月度末)开始制定考核目标，考核目标在考核周期内是不能改动的。只有等考核期结束，在下个考核期目标设定时，才能修正上次考核出现的问题或偏差，进而通过循环，实现管理的螺旋式上升。

而OKR在确定下个季度的目标时，先起草方案，待实际运行一段时间(约3周时间)后，再确定最终方案。这样做是因为未来充满不确定性，需要对设定的关键成果进行测试。

另外，OKR的员工会议在每个季度的中间月份(5、8、11月)举行，第1季度会议提前到1月初，目的是总结上个季度的关键成果得分，以及展现本季度的关键成果，同时评选本季度的最佳OKR奖(以是否具有野心来排序)。员工大会是整个OKR实施过程中的热点，通过全员公开的方式，以OKR的实际执行情况为依据，可以点评每位员工的工作成果，指出不足之处在哪里，并给予更多的期望。OKR的季度周期如图4-5所示。

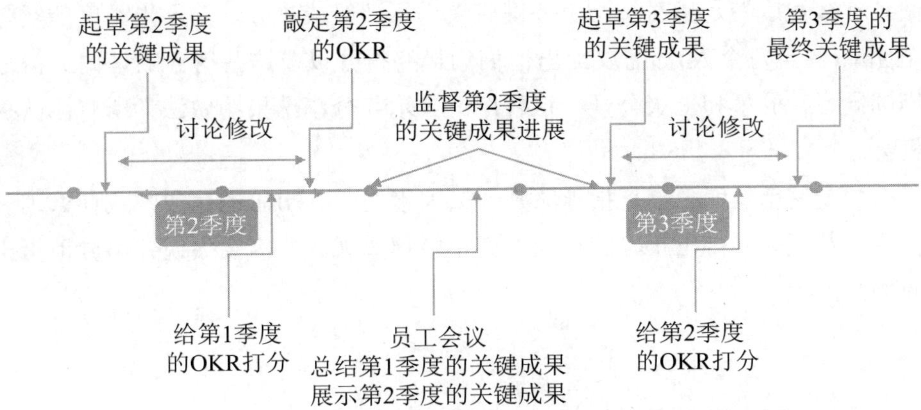

图4-5　OKR的季度周期

(二) 执行过程

OKR在执行过程中，通过周反馈、月总结以及季度评估三种方式进行过程管理。

1. 周反馈

进行周反馈的主要目的有以下几点：评估进度；在问题爆发前识别潜在风险；在使用OKR之初，严谨地把OKR和基于绩效的管理方法集成到公司文化中，以确保团队持续改进。

周反馈的形式比较灵活，可以采用面对面的集体会议方式，也可以采用线上会议方式。周反馈并不是对结果的正式检查，其重点是分享信息和进行更有价值的讨论。所以，周反馈会议的时间并不会很长，通常控制在一个小时左右。通过周反馈，大家面对面地讨论重要决定，分享关键信息；通过对上一周工作的总结，确保工作的优先级与OKR保持一致；通过信息分享与讨论，制定下一步的工作重点；通过频繁的周反馈检查机制，一方面为员工加油打气，另一方面人为地制造了一种压力，力图所有人在下周的反馈中都参与讨论。

2. 月度总结

月度总结和周反馈一样，其目的并不是要进行十分正式的审视，而是要寻求正确的方向性的信息。

在做月度总结时，企业需要根据上个月的实际完成情况进行复盘，对比原计划找出亮点和不足。

3. 季度评估

季度评估是一次客观正式的评估。季度评估会议要弄明白两件事："做到什么程度"和"怎么做到这个程度"。

“做到什么程度”是指对每一个关键成果进行评级或打分。基于当季度的实际绩效表现，每个团队(甚至每个人)都需要给出他们的最终得分以及这些得分的理由。得分和理由会向他们的同行、同事和上级公开，这种广泛公示和分享结果的做法为所有团队提供一个学习的机会。

“怎么做到这个程度”，是指弄清楚什么因素促成了OKR的达成，或什么因素导致结果与目标相去甚远。要得出正确的结论，就不能避重就轻，需要尖锐并坦诚地指出执行过程中的问题。

第三节 OKR实施过程中的关键点

一、确保战略清晰

其实，所有的企业负责人都非常重视战略，但是，很多企业并没有一个真正的战略。在没有战略的情况下制定的OKR，最多只能算作对OKR模型的肤浅模仿。战略提供了一个透镜，透过它可以判断每个目标和关键成果是否合适。如果一个OKR偏离战略太远，那么即使它在短期内能快速提升运营效率，从长远来看也不会带来持续的成功。

二、设计评分区间

到了季度末，员工需要给自己的关键成果打分。这个打分过程只需花几分钟时间，分数的范围在0～1分，而最理想的分数在0.6～0.7分。如果达到1分，说明目标定得太低；如果低于0.4分，则说明工作方法可能存在问题。

三、激励源自内驱

(一) OKR不与薪酬挂钩

OKR的一个重要特点就是评估分数不与薪酬挂钩。

OKR得分，无论是按高分排序还是按低分排序，意义都不大。因为在实践中，一旦关键成果连续两周没有进展，这个关键成果就要被替换，到最终季度评分时，这个目标对应的关键成果可能已经被换了好几个了，每换一个关键成果对目标的得分都会产生影响。如果再将OKR的分数与奖金挂钩，无论是按高分排序，或是按低分排序，都会使整个OKR

沦为绩效工具。

如果按高分排序，其直接影响就是目标的设定不会有太大的挑战性，因为关键成果容易实现，就能拿到高分，就能获得丰厚奖金。反之，如果按低分排序，其直接影响就是目标的设定会有很大的挑战性，同时关键成果设置得难以实现，因为这样排序时就能得到高排名，就能获得丰厚奖金。所以，OKR的分数不能与薪酬挂钩。

(二) OKR的激励性如何体现

如果OKR不与薪酬挂钩，那么用什么样的方式来体现它的激励性呢？

一方面，实现挑战性目标带来的自豪感能给人带来很强的激励。OKR的全程透明会让员工感受到被充分尊重。另一方面，周反馈、月总结以及季度评估带来的及时、明确的反馈让员工在工作中能明显感觉到进步。当然，除了OKR自带的自我激励属性之外，还需要制定一些激励方式让员工更加真实地感受到激励。

1. 短期激励——评选季度MVP

评选季度最佳OKR奖，即本季度MVP(most valuable player)。OKR的季度MVP评选流程如下。

(1) 通过自评分数的汇总，得到每个部门或小组的OKR分数排名。

(2) 以是否有“野心”为第一标准，重新进行部门或小组排序。

(3) 得出最有“野心”的各部门或小组前三名的名单。

(4) 对这些人进行再次评选，最后得出前5名。

(5) 为季度MVP颁发特别奖。

除此之外，企业可以设置其他奖项，如最佳新人OKR奖、最有成就奖、最佳实践奖、最具创意奖、最有潜力奖、最有影响力奖等。这些奖项虽然不与奖金挂钩，但有丰富的奖品。这样就能激励大家认真对待OKR，并且认真执行。

2. 中长期激励——职位晋升

如果员工多次获得季度MVP，或者获得上述与OKR有关的光荣称号，就说明其取得了很大成绩。后期在职位晋升方面可以优先考虑这些员工。

3. 长期激励——事业合伙人

如果能获得多次MVP奖项，企业可以考虑将此人发展为合伙人，这对企业长远发展是非常有利的。

四、厘清近似关系

OKR和KPI(key performance indicator，关键绩效指标)都是非常重要的管理工具，它们之间的区别体现为以下几点。

(一) 设计的立足点不同

从思维模式来说，KPI的设计更倾向于左脑驱动的逻辑思维，而OKR更倾向于右脑驱动的创新成长型思维。KPI侧重于完成明确的目标，而不是超越目标。虽然在某些情况下，企业会超额完成目标，但一般超越的幅度有限，而OKR致力于指引前进的方向，并且注重取得突破性的进展。由于在OKR下，目标本身设置得难以实现，是否完成它并不是那么重要，通常情况下，完成目标的百分之六七十就足以引导出一个超出预期的结果。

KPI具有非常明确的指标，所追求的就是高效地完成这些指标。KPI是一个评价工作效果的工具，用定量的指标来衡量战略执行的情况。因为KPI追求的是百分之百的完成率，在选择指标时，它关注的是有能力实现同时又必须实现的目标，通过它们引导员工做出企业期望的正确行为，实现企业的战略决策，持续获得高额回报。

OKR的目标是相对模糊的，更关注极具挑战性和具有追踪意义的方向。OKR强调通过对企业自身业务、资源和外部市场、竞争对手的分析，立足于让企业在竞争中找到制胜的方向，寻求突破，能够得到超出预期的结果。衡量OKR设计得是否理想的一条重要标准就是目标是否具有挑战性和超越性。OKR认为，极具挑战性的目标意味着必须付出极大的努力，摆脱惯性思维，尝试多种方法，这有利于引导高绩效行为的产生。如果组织中的每个成员都为“看似不可能完成”的目标而努力，即使最终目标未能实现，得到的结果也远远好于实现一个常规的目标。

案例：口罩生产的KPI于OKR对比

假设在口罩生产车间有10个工人，但做法不一样，A生产一个口罩需要10分钟，B需要15分钟，C需要20分钟。现在，企业的目标是提高口罩生产效率。

KPI的做法：通过对A的生产过程进行复盘分析，找到A高效的关键因素并将其固化为相应的指标，在后期的生产管理中对每一个指标进行考核，以期10个工人都能达到每10分钟生产1个口罩，达到这个标准的工人就能留下来，达不到标准的工人就被淘汰。这时候，你会发现，工人的生产效率得到极大提升，而且大多数工人都能达到10分钟生产1个口罩，但是很少有人能用时更少。

OKR的做法：设定目标是“提升口罩生产效率”，关键成果是“生产时间从10分钟降低到5分钟”。这时，部分工人可能会去尝试新的生产方法，比如D发现他通过某种新的方式能够达成这个目标，或者能够将生产时间缩短到8分钟。那么D的新方法说不定就能引领整个口罩生产技术的变革，从而奠定企业在该行业的领军地位。

(二) 设计流程存在差异

KPI通常是自上而下委派的，而OKR更注重上下左右的互动。

常用的KPI方法主要有“平衡计分卡”和“关键成功因素法”两种。“平衡计分卡”是通过寻找能够驱动战略成功的关键成功因素，设定与关键成功因素具有密切联系的关键绩效指标体系，从财务、客户、内部流程，以及学习和成长4个方面来衡量战略实施效果的一种方法。“关键成功因素法”通过对企业关键成功领域的分析，找到企业获得成功的关键因素，据此提炼出导致成功的关键业绩模块，再将关键模块分解为关键要素，并最终将各要素细分为可以量化的关键绩效指标。无论采用哪种方法，它们设计KPI的过程都是对企业战略进行层层分解，对要获得优秀的业绩所必需的条件和要实现的目标进行自上而下的定义。这一过程使KPI更多反映的是组织希望个体做出的绩效行为，对于个体能够为企业战略的实现主动做出什么贡献，在具体的指标中体现得并不明显，这往往导致KPI的互动性较差。

与此相比，OKR的设计则是一个多方互动的过程。从德鲁克的“目标管理”到格鲁夫的“高产出管理”，再到谷歌的OKR模型，始终强调“方向的一致性”“员工的主动性”和“跨部门协作”。

“方向的一致性”指的是企业及其内部的团队乃至每个员工都应该朝着相同的方向努力，避免内耗。这就要求企业明确对自身发展最重要的事务，再将其转化为战略目标，团队或业务单元的目标要基于企业的战略目标来设定，员工的个人目标则要在所在团队或业务单元的目标基础上制定。从这个角度讲，“方向的一致性”要求OKR必须自上而下来制定，先有企业战略，后有团队和个人目标。

“员工的主动性”指的是员工应该积极参与目标的设定，并且对执行过程进行自我管理。OKR不应该由上级以委派任务的形式分配，而是由评价对象根据自身价值和能够为企业做出的贡献主动制定，它反映了组织内每个个体对企业的责任感和对自身工作的期望值。因此，“员工的主动性”使OKR充分体现了评价对象的个人意愿，将单独个体的工作与企业战略相联结，实现了由下至上的互动。

“跨部门协作”必不可少。随着分工精细化程度不断加剧，单纯依靠某个个体或团队完成工作变得越来越困难，不同职能的部门之间相互配合成为一种工作常态，而有效协作的前提是合作各方能够在目标、职责和工作方法等方面达成共识。OKR的设计过程要求各团队的目标与关键成果必须获得其他协助团队的认可，因此团队间的沟通交流是必不可少的。

(三) 驱动机制明显不同

从驱动机制的角度来讲，KPI主要通过外在物质因素的激励引导员工的绩效行为，而OKR更强调利用员工的自我驱动实现绩效目标，因此，两者在行为的驱动机制上是存在差别的。

KPI的执行一般需要依靠外在激励因素的牵引，这是由它开发过程的特点决定的。KPI的设计以自上而下的形式为主，这导致KPI在很大程度上反映了企业要求员工实现的工作结果，员工常常处于被动接受的状态，个人意志无法得到体现。在这种情况下，借助外部因素建立一种“契约式”的关系来调动员工的主观能动性是比较常见的做法。通常情况下，企业利用薪酬涨幅和奖金分配等物质因素来引导员工的高绩效行为，而员工通过KPI指标的达成获得更高的物质回报。这也就解释了为什么很多情况下KPI的考核结果是与薪酬激励体系挂钩的。但是这种做法具有一定的局限性。首先，物质激励会增加企业的运营成本，因此组织不会无限度地提高物质激励的水平；其次，激励水平也并不总是与激励效果成正比，有些时候甚至会带来反作用，所以寻找两者之间的平衡点是十分重要的。

OKR主要依靠激发员工自觉自愿的积极行为来达到提升绩效表现的目的。在这种驱动机制下，一方面，员工的参与程度大大提升，进而影响他们的工作行为。心理学认为，人们更愿意主动与自己参与其中的活动建立联系，投入更多的精力。组织成员需要为OKR的设计工作进行深入的思考和全方位的沟通，这使得每一个目标与关键成果都承载着个人的努力与心血，因此更容易激发他们执行OKR的热情。另一方面，OKR不仅是企业的愿景，也是员工个人价值的充分体现，实现OKR的过程也是实现自我价值的过程。对于有更高追求的员工来讲，OKR能更加有效地激发他们自我实现的内在动力。

(四) 适用业务不同

企业的业务类型主要分为两类：劳动密集型业务与知识密集型业务。劳动密集型业务指的是已知怎么做的业务，知识密集型业务指的是前景还未知的业务。如图4-6所示，劳动密集型业务的标准流程部分通过KPI管理，改善优化部分通过OKR管理；知识密集型业务通过KPI管理效率相对较低，应主要采取OKR进行管理。

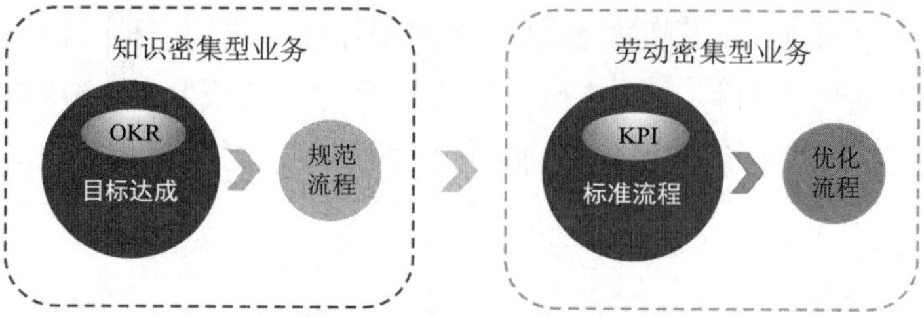

图4-6　OKR与KPI适用业务比较

例如，SpaceX(美国太空探索技术公司)的目标是“造出发射后可以回收并能重复利用的火箭”。按照KPI的思路，企业需要找到“造出发射后可以回收并能重复利用的火箭”的关键指标，然后让工程师以那些关键指标作为指导日常工作的标准。而实际情况是，对一个新业务而言，企业并没有成功的经验可以借鉴。所以，KPI是无法指导这类创新项目的。

按照OKR的方法应该这样做：先明确目标就是“造出可以回收并能重复利用的火箭”，通过关键成果对什么叫做“成功研发”进行定义，对接下来的任务层面不做限制，给大家充分的空间去探索不同的做法，尝试的结果通过OKR的进度进行检验。在不少于100次的尝试和不少于100次的调整之后发现，OKR达成了。OKR就是不设限制，在制定具有挑战性的目标之后，让大家充分发挥聪明才智进行尝试。然后，我们把这个OKR是怎么达成的通过BPM(business process management，业务流程管理)中的SOP(standard operating procedure，标准作业流程)复盘出来，设计成规范的流程。规范流程出来后，就会发现业务性质发生了变化，它已经从知识密集型业务转变为劳动密集型业务了，那么就能通过SOP+KPI快速复制了。在KPI执行过程中，我们发现可能有某些节点和动作需要优化，这样就形成了一个完整的由知识密集型业务向劳动密集型业务转型的过程。

综上所述，KPI与OKR虽然有诸多不同，但并不是非此即彼的排斥关系，而是可以耦合于组织中，为实现高绩效组织共同发挥作用。如图4-7所示，在同一个组织中，在从0到1的具有开拓性、创新性业务领域可以使用OKR，而从1到N的现有业务则适用KPI。在不同类型的组织中，创新性、科技类、互联网企业适用OKR，市场成熟稳定的传统企业则适用KPI。

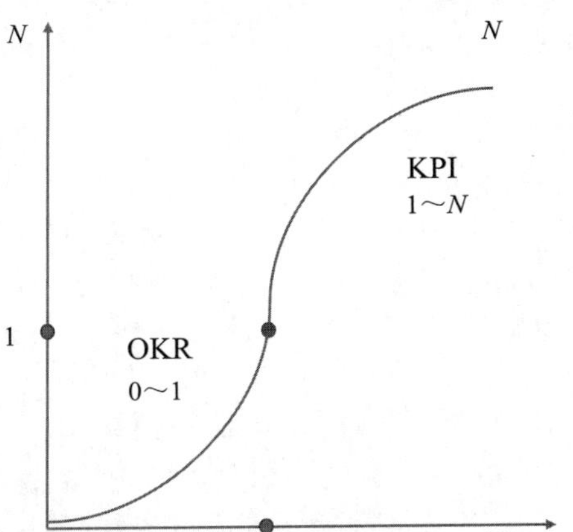

图4-7　OKR与KPI适用比较

五、务必全程透明

OKR在实施过程中一定要公开透明。OKR的透明是指目标、进度信息及评分要公开，即组织所有的OKR信息是公开、可视的，但个别需要保密的信息除外。信息公开可以遵循以下原则。

(1) 组织的高管能看到所有人的OKR信息。

(2) 上级(直接上级和直线间接上级)可以看到所有下级的OKR信息。

(3) 下级可以看到上级(直接上级和直线间接上级，甚至CEO)的OKR信息。

(4) 团队成员可以看到彼此的OKR信息。

(5) 工作有关联的人员共享OKR信息。

(6) 当一些数据或关键项目需要保密时，可以使用代号替代。例如，达到×万元，或完成×项目。

(7) 对于一些敏感信息，例如部门重组、人事晋升、特殊人员招聘等，可以选择保密。

当然，根据需要，我们还可以授权OKR责任者进行其他开放范围的设置。OKR的信息可以通过内部共享文件方式进行公开，也可以在办公区域内进行公开，还可以在应用信息系统进行公开。

OKR欢迎员工设定具有“野心”和困难度的目标，鼓励所有员工不断挑战极限，从而追求更大的成就；提倡自下向上制定目标，由员工结合公司目标和上级的目标自发制定自己的工作目标；同时要进行上下左右的协调，确保工作目标的正确性和完备性。

第五章

游戏化管理

随着“90后”新生代员工日渐成为职场主力，关于“90后”员工的管理成为企业管理讨论的主要问题。“90后”受过更高水平教育，成长在更加富足的家庭环境中，他们在工作和生活中不满足于现状，追求新鲜与乐趣；他们将工作视为自身价值体现，看重的是幸福感、自我实现和被认可，而非单纯地将工作视为谋生手段。面对这样一群员工，企业应该如何更好地激发他们的热情、迎接挑战呢？

管理大师彼得·德鲁克在20世纪90年代曾经说过：“要调动员工的积极性，重要的是使员工发现自己所从事工作的乐趣和价值，能从工作的完成中享受到一种满足感。这样，员工个人的目标和欲望达到了，整个企业的目标也就达到了。”那么，如何在尊重员工个性的基础上，使员工从工作中获取乐趣、享受到满足感是当今管理者需要思考的重要问题。“游戏化管理”模式便能有效地激励新生代员工，充分发挥他们的潜能。“游戏化管理”能够营造快乐轻松的氛围，让员工有努力工作的理由。“游戏化管理”是将游戏中的元素、激励机制、规则系统、反馈体系融入工作情景，以此吸引、激励人们参与工作，进而引导人们行为模式的过程。“游戏化管理”的本质不是娱乐，而是一种思维方式和工作方法。

第一节 认识游戏

一、游戏的特点

我们知道游戏化已经应用于商业，应用于管理，那么游戏到底有哪些特点呢？简·麦戈尼格尔在《游戏改变世界》一书中说：“抛开类型的差异和复杂的技术，所有的游戏都有4个决定性特征：目标、规则、反馈系统和自愿参与。”游戏的四大特点如图5-1所示。

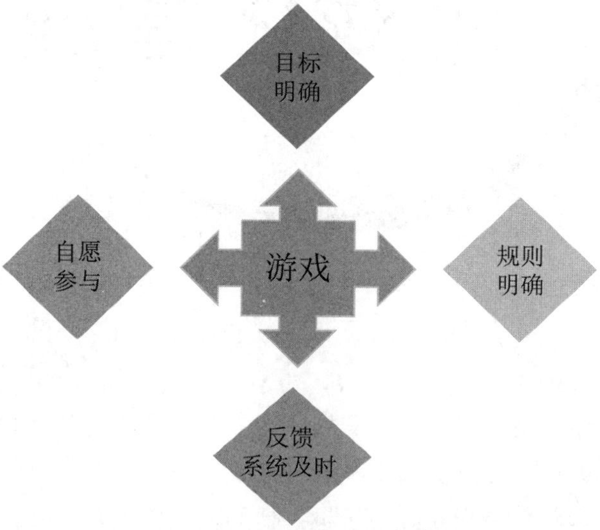

图5-1 游戏的四大特点

(一) 目标明确

目标，指的是玩家努力达成的具体结果。它吸引了玩家的注意力，不断调整他们的参与度。目标为玩家提供了“目的性”。

(二) 规则明确

规则，为玩家如何实现目标做出限制。它消除或限制了达成目标最明显的方式，推动玩家去探索此前未知的可能空间。规则可以释放玩家的创造力，培养玩家的策略性思维。

(三) 反馈系统及时

反馈系统，告诉玩家距离实现目标还有多远。它通过点数、级别、得分、进度条等形式来反映。反馈系统呈现的最基本、最简单的形式就是让玩家认识到一个客观结果：

“等……的时候，游戏就结束了。”对玩家而言，实时反馈是一种承诺：目标绝对是可以达到的。这给了人们继续玩下去的动力。

(四) 自愿参与

自愿参与，要求所有玩游戏的人都了解并愿意接受目标、规则和反馈，因为了解是建立多人游戏的共同基础。任意参与和离去的自由是为了保证玩家把游戏中蓄意设计的高压挑战工作视为安全且愉快的活动。

案例：“高尔夫”运动——历史悠久的现实游戏

目标：用比别人更少的次数，把一个球打进一连串的非常小的洞里。

规则：站在远离每个球洞的地方，用一根球杆将球打进洞内，而不能站在球洞的门口，用手将球放入洞中。

反馈系统：球是否进洞；几杆进洞。

自愿参与：玩家必须心甘情愿接受该游戏所规定的目标、规则和反馈系统。只有玩家自愿接受并参与，才能让游戏更加引人入胜。

如果游戏的目标真正具有吸引力，反馈又足以激励人心，就能激发玩家在相当长的时间里发挥创造力，满怀热情、真心实意地不断挑战游戏设置的重重障碍。

二、游戏化的核心价值

随着互联网时代的到来，游戏的多样性以及游戏的商业价值也越来越被重视，那么游戏对于商业实践的核心价值到底是什么呢？游戏化的核心价值主要体现在参与、实验和价值上。

(一) 参与

众多研究显示，游戏可以激活大脑中的多巴胺系统——快乐中枢。神经科学家还发现，大脑对游戏的反应与在探索研究过程中的反应有惊人的相似之处。著名游戏设计师洛夫·科斯特(Raph Koster)认为，多巴胺的分泌能让我们的大脑感到愉悦，而这种化学物质最精妙的释放时刻之一就是在我们学会或掌握了一种技能而获得成功的时候。游戏的快感是从掌握、理解中获得的。游戏是一种互动性很强的活动，如果你不参与其中是没有办法享受到这种乐趣的，而玩游戏是人类的天性，只要游戏机制设计有趣，一般人都会愿意参与。人一旦参与游戏，体会到游戏的乐趣，就会产生深入参与的欲望，而让玩家深入参与就是游戏设计者的初衷。对于游戏设计者或者企业决策者来说，玩家或者员工的深度参与，本身就极具商业价值，因为参与感可能会促成商业交易。

人们知道自己应该增加运动，健康饮食，但是又总是贪恋舒适的沙发，喜欢热量高的垃圾食品，而当你看到曾经比你胖的朋友每天因为健身而取得了一个个的徽章，在朋友圈不停地分享成功瘦身的故事时，是否有蠢蠢欲动的健身想法呢？可见，参与是实现某个活动价值的第一步。时下异常火爆的视频直播就在很大程度上利用了参与思维。主播在直播的时候，粉丝或者普通消费者能够直接通过弹幕与之沟通，主播看到消息后实时回复消费者，让消费者得到一种可视化的被重视的感觉；消费者还可以通过打赏、点赞或者购买的方式来帮助商家打造爆品，当消费者亲身参与的选品最终成为爆款时，会让消费者有一种无可名状的成就感。这种鼓励客户深度参与的理念已经在现实的商业实践中应用得非常成功。比如小米鼓励米粉深度参与产品的研发，比如在线上购物大行其道时出现的线上品牌线下体验店等。而“游戏化管理”模式将企业管理的流程或者工作中的某一个工种或环节用游戏的方式来展现，有效地激发了员工进行参与的兴趣。

(二) 实验

游戏让我们跳脱现实生活，去寻找生活中没有的、更多的可能性。游戏是一种自愿参与的活动，玩家玩哪种游戏，选择怎样的角色，应用什么样的道具都是由自己决定的。玩家在游戏过程中能感觉到自己被赋予了一定的力量，即掌控感。这种掌控感对于人来说非常重要。生活中的我们可能会因为各种关系、各种束缚没有办法自己做主，但是在游戏中我们能够自己做主，现实中的缺憾会得到补偿。20世纪初期的荷兰思想家约翰·赫伊津哈(Johan Huizinga)在他的经典著作《游戏的人》(*Homo ludens*)中提出了“魔环”(magic circle)的概念。赫伊津哈认为，游戏可以构建起一个“魔环”，将参与者与外界世界暂时地隔离开。正是这种“魔环”，让玩家在游戏过程中产生了一种跳脱现实生活另过别样人生的感觉。现实中的“矮穷矬”可以在游戏中变身“高富帅”；现实中长期处于压抑状态的人也可以在游戏中拥有终极自由的人生。

不管是游戏中的升级打怪，还是现实世界中平行实境游戏与众包协作模式，其设计的本质都具有实验性。游戏的本质是实验玩家在游戏的过程中会经历失败，但因为游戏总是可以重新开始，他的失败感永远没有那么沉重，所以玩家会在一次次经历失败后，又能一遍遍重新开局。而且游戏会鼓励他们不断尝试新的、不同的，甚至是疯狂的玩法，以找到更好更快的过关方法，这非常适合如今快速变化的商业环境对不断创新的要求。如果我们将游戏的实验性应用于管理，把工作任务分解成一个个需要升级或者闯关的游戏，那么工作将变得不那么严肃，员工也会在接受工作时没那么大压力，在轻松有趣的氛围中主动探索与努力。

(三) 价值

游戏的商业成果并不局限于促成了电子竞技产业的出现，还体现在游戏化思维应用于更多的社会化群体化活动中。例如，英国《卫报》以游戏的方式发起了一项《调查你处议员的开支》的活动，活动仅上线三天就吸引了20 000多名玩家加入，且分析了170 000多份电子文档。哈佛大学尼曼新闻实验室(Nieman Journalism Lab)成员、互联网新闻专家迈克尔·安德森(Michael Andersen)当时说道："新闻行业以前有过众包，但这次《卫报》的项目规模惊天动地：自上线开始80小时，就审查了170 000份文件，访客参与率高达56%。"访客参与率衡量的是注册并为网络做贡献的人数百分比。对任何众包项目来说，56%的参与率是闻所未闻的。

另外，游戏的商业成果还体现在帮助企业提升管理效率上。现在，不仅是那些奇特的小型创业公司，很多商业巨头(如脸书、耐克、美国运通、微软、三星)也在不断尝试推行游戏化。

案例：脸书的游戏化绩效反馈

在游戏系统中，反馈是有效激励的关键。脸书集聚了很多技术员工，他们不仅精通技术，还高度关注社会动态。来自上级主管的、自上而下的绩效评价标准并不符合他们的思维模式，他们希望人力资源运作得更像一个游戏：玩家在成功执行任务后可以立即看到自己分数的增加，或是看到对手的倒下。所以他们采用了一种叫做"回路"的服务，从多种途径管理绩效反馈，包括同事输入的资料、工作目标的进度，以及上司的指导和评价。员工和团队可以依据不同的工作场景采取不同的行动来赢得自己的徽章和"重要任务"。回路让员工通过反馈实时监控自己的绩效。和以往收到的年度绩效考核评价不一样，员工不仅可以在任何给定的时间段看到自己的工作表现，还能同步看到自己已收到的认可和评价。

如果员工想要收到更多的认可和评价，就需要更多地参与到工作中，更多地跟同事产生链接，更高频地分享自己的成果和观点。而当一个员工能够投入更多的时间和精力到工作中时，公司的氛围和业绩肯定会受到正向的影响。

资料来源：凯文·韦巴赫，丹·亨特. 游戏化思维[M]. 周逵，王晓丹，译. 杭州：浙江人民出版社，2019：68.

三、游戏化的类型

"游戏化管理"模式正是通过游戏的设计，让整个企业发生潜移默化的变化。那么，这些核心价值是通过怎样的形式来体现呢？游戏化可以应用于哪些场合呢？

其实，在我们的工作生活中，游戏化已经应用得非常广泛。航空公司的积分制、星巴克购买10杯送一杯活动、手机各种健身App的走步排名等都是游戏化在商业实践中的应用。凯文·韦巴赫和丹·亨特合著的《游戏化思维》一书将游戏化应用分为三种类型。

(一) 内部游戏化

内部游戏化，即企业为了提高生产力，促进创新，增进友谊，或者取得更多积极的业务成果而进行的游戏设计。内部游戏化有两个显著特征：第一，参与者是公司的一部分；第二，能够产生强大的心流体验。

(二) 外部游戏化

外部游戏化，通常与企业的客户或者潜在客户有关，其目的是获得更好的营销效果，改善企业与客户之间的关系，提高客户参与度及其对产品的认同感和忠诚度，并最终增加企业的利润。星巴克买送活动、航空公司的积分制等都属于这类情况。

(二) 行为改变游戏化

行为改变游戏化，旨在帮助大家形成更好的习惯，通过一种游戏化的工具或者活动使公众的行为发生改变，如鼓励人们合理饮食、养成好的减肥习惯、建立明智的理财决策等。罗斯·史密斯的举措就是内部游戏化的一个应用范例。

案例：微软与语言质量检查游戏

微软的罗斯·史密斯为了提升Windows7的对话框的语言水平，发起了语言质量检查游戏(Language Quality Ga-me)项目。他招募了来自世界各地的微软员工，使其利用业余时间检查 Windows7对话框中的错误。只要他们能发现问题，找出问题，就会得到相应的积分。根据他们表现的优异程度和积分的高低，还会有一个积分排行榜。为了确保这些“玩家”不通过随意点击屏幕赚取积分，研究小组还故意在系统里设置了简单的错误和明显的误译。而且，这个游戏的评分系统以个人所在地区的整体表现为基准，以此鼓励团队合作一起来“找茬儿”。

这个语言质量检查游戏为参与人员创造了有力的竞争机制。如果所在地的员工想要获胜，自然希望自己检测的语言版本能胜出。微软日本分公司就给员工放了一天假，鼓励大家“专职”给系统“找茬儿”。结果，日本分公司荣登微软各地区“找茬儿”排行榜榜首，有大约4500位参与者查看了超过50万个Windows7的对话框，记录并报告了6700处系统误差，使得数百个错误得以及时修复。他们所做的已经大大超出了他们的职责所在，更为可贵的是，大多数人觉得这一过程是令人愉悦的，甚至让人有些上瘾。

资料来源：凯文·韦巴赫，丹·亨特. 游戏化思维[M]. 周逵，王晓丹，译. 杭州：浙江人民出版社，2019：4-5.

第二节 游戏化设计的步骤

在游戏中，玩家体验到了乐趣，得到了“心流”。心流，是一种把个人精神力完全投注于某行为所表现出来的心理状态。在这种状态下，人们通常会抗拒中断，并且产生一种高度的兴奋感和充实感。心理学家米哈里·希斯赞特米哈伊发现，我们的日常生活中极度缺乏“心流”，可在游戏和游戏类活动中却到处都有它的身影。希斯赞特米哈伊认为，如果我们能够根据游戏工作的结构形式来创设现实中的工作，就可以给人们带来更多的幸福。因此，将游戏应用于企业管理中，设计具有游戏化性质的工作，让员工在升级打怪的快感与愉悦中完成工作任务，是每个管理者都想实现的工作管理的理想状态。

一、游戏化目标的确定

对于有效的游戏化来说，全面而深刻的目标理解是至关重要的。这听起来可能有些老生常谈，没有什么新意，但这一点很容易被忽略。这里的游戏化目标不是指公司的使命、愿景、价值观，不是在讨论公司的盈利能力、股东价值、目标陈述等，而是指我们进行游戏化设计要达到的特定目标，比如提高客户忠诚度，建立品牌忠诚度，提高员工的工作效率，改善公司的文化氛围。如果企业不能明确细致地划分目标，就可能在游戏化过程中偏离初心。现在很多企业虽然意识到游戏化管理的重要，但大多是为游戏化而游戏化，最终都会因为目标不明确而使游戏化管理的设计沦为形式。

案例：德勤与3W系统

全球性咨询与审计公司德勤的管理层意识到，如果咨询师可以将自己所做的客户咨询案例分享到企业内部网上，就会更好地促进企业内部的知识共享和组织协作。于是，德勤在公司内部的社交信息平台上加入一个叫做“3W”(Who/What/Where)的功能。这个3W系统鼓励咨询师们上传自己的咨询记录，系统会根据咨询师上传的数量显示出排行榜。排行榜中名列前茅的人可以获得更强烈的认同感——荣登排行榜前列的员工会在企业内部被视为相关领域的专家而获得认同感和相应的社会资本。这种认同感会激励更多人的参与，促进咨询师们在每天繁忙的工作之后抽空上传自己的咨询案例。正是大家争先上传案例，才实现了公司内部的知识共享，省去了很多培训费用，并提升了大家的工作效率。

资料来源：凯文·韦巴赫，丹·亨特. 游戏化思维[M]. 周逵，王晓丹，译. 杭州：浙江人民出版社，2019：16.

在上述案例中，德勤公司非常清楚自己的目标，即为“促进企业内部的知识共享和组织协作”。为了实现这个目标，德勤公司了解了咨询师这个群体的性格特征。咨询师属于脑力劳动者，从物质和精神奖励两方面来看，他们更加看重精神鼓励，更加在乎荣誉与内在的成就感，所以德勤在设置反馈系统的时候选择以排行榜的方式对大家的上传案例篇数进行排名，而且根据排行榜的结果给名列前茅的咨询师授予“领域专家”的荣誉称号。试想一下，如果按照传统的做法，德勤公司下发行政命令，要求咨询师在单位时间内上传案例，根据咨询师们上传的时限以及上传篇数设置一定的物质奖励，那么估计那些咨询师都不会把上传案例这件事情放在心上。正是因为德勤研究了游戏化对象的特点，根据游戏化对象的特点设置适合他们的游戏化目标，进而设计规则与内容，才使3W系统成功运行。

二、游戏化对象的选择

游戏化是一种有效的激励机制，它本质上是一种通过激发他人兴趣而引起某种行为的激励方式。游戏设计的初衷在于如何从被激励的行为中获得价值，游戏化到底适合哪些领域，或者应用于哪些工作类别能够发挥更大的作用，是进行游戏化设计的首要工作。比如，你没有办法通过设计一个游戏让失去亲人的人们愉快地去选择棺木的款式，你也无法衡量将游戏化思维应用于采购给公司创造的价值。对工作属性进行分析之后我们发现，确实有些工作不适合进行游戏化设计，而有些工作适合进行游戏化设计，或者说有些工作通过游戏化设计能够为企业创造更大的价值。总体来说，在创造性、事务性、针对行为改变的工作中，采用游戏化管理则比较合适。

(一) 创造性工作

高附加值的创造性活动和客户关系可以为公司创造巨大的竞争优势，它们都是游戏化发挥功效的重要情境。无论是设计新的产品，还是培育高知名度的品牌大使，这样的任务在很大程度上依赖于人们的自身动机。只有当人们把热情、注意力都集中在他们参与的这些工作上时，才能发挥自身最大的创造力。与此同时，游戏化也可以给予人们前所未有的、个性化的、持续的、自我认可的愉悦体验。在实际工作中，销售团队的绩效考核很多时候都是以业绩目标作为主要的指标，大家对工作的所有热情就是为了完成目标，拿到绩效奖金，大家也已经对这种考核方式习以为常，说不上讨厌，也说不上喜欢，工作就变为养家糊口的手段。而所谓的“游戏化管理”，就是将游戏的乐趣、成就和奖励等要素与商业流程、体系或系统相结合，从而吸引和激励员工，达到商业目的。例如，当我们用游戏化思维去设计销售团队绩效考核时，可以将销售人员、销售团队的日常客户拜访工作任务，模拟成为一个“武林少侠养成”游戏，销售人员的拜访频次、成功率，销售团队之间的竞争，团队内部的合作都将为游戏中玩家“张无忌”一步步成为武林至尊做出贡献。然后，通过大量严谨的分析和演算，建立科学的积分、等级、勋章和挑战等一整套公平和有趣的游戏机制。这样设计有三点好处：第一，整套机制让员工感到公司不仅关注销售目标这样的结果，也关注他们在工作中多方面的成就和自身的成长；第二，这一机制增加了员工工作的乐趣，为日常大量重复的工作带来新的意义；第三，这套机制设计融入了历史数据分析的结果，把一套“优秀实践”融入游戏机制，员工仿佛拥有一份快速通关升级的游戏攻略，可以迅速提升工作的质量和成效。

(二) 事务性工作

事务性工作需要遵守既定的规定和章程，是比较单一和相对乏味的重复性工作，但是这种工作往往会更加适合使用游戏化的因素来激发员工的热情，使得平时乏味的工作能够有所乐趣。例如，一个叫做“主观逻辑”的创业公司将餐馆的工作流程进行了游戏化设计，这个系统为服务生的表现提供了小费以外的评估标准，那些获得高认可度的服务生会得到一项特别的奖励，比如选择自己的工作时间。餐馆也因此获得了非常大的收益。又如，万豪国际酒店运用游戏化思维设计了一款“我的万豪酒店”的游戏程序，将之放在人气较高的社交网站上。该游戏将玩家分散到酒店的各个职位，比如厨房、客房等，以此设置相应的岗位任务，玩家完成任务后，可以获得积分并进入更难的任务或酒店的其他职位。因为这款游戏的发行，万豪酒店成功地吸引了很多玩家来应聘，在短短几个月的时间里完成了招聘5万名新员工的任务。这样不仅解决了酒店用工的问题，同时减少了岗位培训，还降低了员工流失率，在很大程度上为企业节约了用工成本。

(三) 针对行为改变的工作

其实人们都明白什么是对自己有好处的，只是我们都很难改变固有的习惯而已。我们面临的挑战是如何让更健康的行为习惯化。现在比较流行的智能手表，可以记录心率、排汗情况、行走步数和热量消耗。智能手表的游戏化应用在于，将这些数据显性化和可视化，将使用者的数据与健康的标准数据进行对比，让使用者知道自身的差距。与此同时，使用该款智能手表的人或者共同使用这类App的人的运动数据是联通的，可以进行排名，用身边熟悉人的数据来激发使用者的好胜心，从而驱使使用者运动。游戏对于行为改变是非常有促进作用的。绿色实践公司(Practically Green)是一家位于波士顿的创业公司，旨在促进环境可持续发展。这家公司将绿色环保行为游戏化，使其变成点数、徽章和其他具体游戏元素，并将所有参与者通过在线网络联结为一个社区。在这个项目推出不到一年的时间里，这个“社区”就有效减少了超过1400万吨的二氧化碳的排放，节省了约94万立方米的水，促成了900吨的垃圾回收，并节省了600万千瓦时的电。

三、游戏化基调的确立

游戏化设计过程中需要厘清的问题是“人们为什么喜欢玩游戏”“游戏能给玩家带来怎样的感受”。游戏向我们展示了我们真正想要的东西，给予我们4种内在奖励：更满意的工作、更大的成功希望、更强的社交链接以及追求有意义的事业。

(一) 满意的工作

对“满意的工作”的定义，每个人都有不同的看法，但不管对谁来说，满意工作的实质是人们能够沉浸在有着清晰定义、能看到直接努力结果的工作中。曾经风靡的《魔兽世界》就印证了满意工作对玩家的强大吸引力。在这个游戏中，玩家的主要工作是自我完善——一种几乎让所有人都觉得天然富有吸引力的工作。玩家的工作就是积累更多的经验、更多的能力、更强的盔甲、更多的技能、更多的才干以及更大的声望。而这些属性都可以在游戏中得到增强，并以点数的形式显示在玩家化身的个人资料里。玩家要靠赚取更多的点数来完善自己，就要求其持续地完成任务、进行战斗、接受职业培训。赚到的点数越多，级别越高，解锁的任务就越具挑战性，这个过程叫做“升级”。在这个游戏中，任务越具挑战性，从事这一任务的动力就越强，赚到的点数就越高，这样就形成了生产力的良性循环。

我们在进行游戏化设计的时候，就必须立足工作性质与岗位本身，对于岗位与工作内容有充分的理解与认识，根据难易程度把工作内容分为不同的层级，按照流程设置不同层级的关卡，将员工工作的过程看成一个通过努力不断解锁领取任务的过程。而员工在不断解锁升级的过程中能体会到内心的愉悦和满足，同时使自己的知识技能得到了锻炼与提升。

(二) 成功的希望

我们渴望体验成功，希望感觉到自己在生活中的强大，向他人展示我们的强项；我们希望对成功保持乐观的态度，坚信自己会越来越好。

在游戏中，玩家对游戏结果有一种掌控感，正是这种对游戏结果的掌控感，让玩家不惧怕失败。因为游戏的设计逻辑让玩家们相信，只要他们拿出足够的时间和精力，每一个电脑和视频游戏谜题都是可以解开的，每一项任务都是可以完成的，每一层难度级别都是可以通过的。正是这种预设逻辑，培养了玩家的乐观精神，让玩家们在玩游戏时充满了乐观与希望。

在这个过程中，游戏化的重点在于设置可操作性目标和合适的失败反馈。首先，可操作性目标的建立是一个循序渐进的过程，要求管理者或者游戏化设计者对工作难度与深度以及团队人员能力与技术有准确的把握。对于员工来说，如果工作难度大大超过自己的能力，那么他们在尝试过几次失败之后会产生沮丧的情绪；如果工作太过容易，那么他们会觉得没有意思。

其次，合适的失败反馈是一种奖励，它使我们更加投入，对自己的成功更有把握。一般人都不喜欢失败，因为失败会让人有一种挫败感，但是如果失败得有趣，我们就会继续尝试，并保持最终成功的希望。因为成功的希望比成功本身更刺激，胜利往往终结乐趣，但失败能够维持乐趣。这也是游戏只有在还没有完全掌握的时候才“有趣”的原因之一。例如，有一款保龄球类游戏——超级猴子球II，玩家滚动的“猴子球”(透明的保龄球，球里装着猴子)滚下悬浮在外层空间、弯弯曲曲的保龄球道。一旦玩家犯了错误或者抛球不够准确，就会发生下面的情况：猴子旋转着、哀号着从球道边缘落入空中。玩家面对这个场面，想发笑，想掌控，想花更多的时间来玩这个游戏。如果我们在游戏化设计的过程中，能够以这种轻松快乐的方式来反馈失败的结果，让员工在情绪高涨或者心情愉快的前提下接受失败的结果，那么严肃枯燥的工作氛围，以及害怕因犯错而不敢尝试的心态都将得到很大改善。员工才会有继续寻找成功的勇气与信心。

(三) 社交的链接

我们渴望分享经验，与其他人建立纽带，一起完成某件事。在游戏中，玩家之间建立了更强的社会纽带，创造了更活跃的社交网络。我们在社交网络用于互动的时间越多，就越有可能产生积极的情绪，当我们一起积极地关心某样东西、某种利益时，社群就出现了。有了社群，我们就能感受到人类学家所说的“社群精神”(communitas)。社群精神是一种强烈的团结感、凝聚力。一个有社群精神的组织，将是一个我们愿意为之行动、为之效力的地方，而不再是一个匆匆走过或冷眼旁观的地方。为了把一群陌生人变成社群，必须遵循两个基本原则：第一，培养陌生人之间的共同利益；第二，给他们机会和途径围绕这一利益开展交流和互动。如果我们在游戏化设计的过程中，能够培养起员工之间的共同利益，给他们机会和途径围绕这一利益展开交流和互动，那么他们之间的内在联系就会加强，进而产生凝聚力和归属感。

(四) 意义的追求

每个人内心深处都有不甘平凡、渴望卓越的一面，渴望过得有意义，渴望成为超越自身的“宏伟事业”的一部分，希望能投入某种超越个人生活、能产生持久影响的事情中去，并为之做出贡献。在游戏中，越来越多的玩家不再只是为了自己而投身游戏，他们是为了彼此，为了感受投身宏大场面带来的快感。“宏伟”是当今玩家文化里的一个重要概念，玩家们用它来形容自己最难忘、最满足的游戏经历。不是所有的游戏都像是宏伟的事业的，与宏伟事业相匹配的游戏必须具备两个要点：首先，真正的宏伟游戏总跟大型在线玩家社群联系在一起——成千上万，甚至数百万玩家在同一背景下行动，他们在论坛、维基上谈论自己所做的事情；其次，玩家在集体背景下采取的行动需要让人感觉是在奉献，即单个玩家的每一轮努力，必须最终有利于其他所有玩家。换句话说，游戏里的每一次个人行为，必须最终累积成某种更宏大的事物。

四、游戏化规则的设计

(一) 吸引人们参与

游戏有意思的地方就是大家在规则的限制下愉快参与。在拼字游戏中，每次只能使用7个字母，但不能随意选择可用字母，还要根据其他玩家已经拼出的单词来创建你的单词，每个字母只能使用有限的次数。如果没有这些限制，恐怕这个游戏应该不会有太大的吸引力。但在设置了重重障碍，又增加了一套能说明你到底有多擅长克服障碍、拼出复杂长单词的反馈系统之后，这个游戏让众多玩家玩得如痴如醉。这就是游戏规则的神奇之处。

(二) 把握其合理性

如果游戏中设置的规则太多、太难，玩家弄清规则要花费太多的时间与精力，那么他们会选择放弃；如果太过简单，没有任何的技术含量，那么也很难激起玩家的兴趣。

案例：“罗辑思维”的“节操币”的规则介绍

每个员工每个月可以获得10张节操币，每张相当于人民币25元。员工可以用节操币在公司周边的咖啡厅和饭馆随便消费。公司月底统一与这些饭馆结账。但是，节操币不能自己使用，必须公开赠送给小伙伴，而且要公示你为什么把节操币送给他，说明具体原因。

公司每月会公示当月节操王，每年收到节操币最多的节操王，会获得年底多发三个月薪酬的奖励。

这个节操币的交易情况，反映了每个人与他人协作的水平。收到节操币很少的人，一定是协作水平比较低的，他们会感受到强烈的压力，会很快自觉地加以改善，或选择离开公司。

资料来源：陈盈. 罗辑思维：用企趣激活“90后”，充分调动员工彼此协作的积极性[EB/OL]. (2018-04-03)[2020-07-28]. https://maimai.cn/article/detail?fid=335094812&efid=p4RWa5ePO2ZlZAfFUz-_Tw.

五、反馈机制的选择

(一) 以“内在奖励”作为反馈机制

积极心理学认为，如果我们把追求幸福建立在“外在奖励”即金钱、物质、地位和赞许上面，只会在得到这些东西的短时间内有幸福的愉悦感。之后，我们会对这些东西产生耐受性，开始想要更多，需要更大、更好的回报才能生发同等水平的满足感与愉悦感。但是，如果我们着手自己创造幸福，把焦点放在产生内在奖励的活动上，投入周围世界而产生的积极情绪、个人优势和社会联系，会让我们获得更持久的享受。游戏的反馈系统就是把握住人的这一心理特点，在反馈系统的设计上更加倾向于“内在奖励”。

玩游戏的过程其实是非常艰苦的，因为后面总有无数的任务与关卡等着玩家去完成，等着玩家去闯关。如何激发玩家克服困难的勇气与斗志，游戏的反馈系统设计就非常重要。游戏反馈系统更加倾向于“内在奖励”而非“外在奖励”。内在奖励的主要反馈工具包括积分、徽章、排行榜等。而这类反馈工具将玩家的努力量化，玩家的绩效以进度条、点数、级别和成就的形式，得到持续的测量和反馈，玩家很容易看到自己什么时候得到怎样的进展。19世纪伟大的物理学家开尔文勋爵曾说过：无法衡量，就无法改进。所以，积极的反馈让玩家更加努力，并期待完成更艰巨的挑战。

(二) 常用的反馈工具介绍

在游戏化实践的反馈系统中，应用最多的三种工具是积分、徽章和排行榜。

1. 积分

“积分”在一些游戏中也称为“点数”，可用于购买更多的工具、提升实力的道具，或兑换成现金，以此激励玩家完成特定任务，或与其他玩家协作换取点数。积分作为一种及时的反馈工具，在生活中应用得非常普遍。例如，银行信用卡的积分可以换购物品；航空公司的积分可以换票、选位。

2. 徽章

徽章是积分或者点数的集合，是一种视觉化的成就体现，用以表明玩家在游戏化进程中取得进步。徽章是积分的上一级荣誉，徽章是积分积累到一定级别的奖励。徽章的重要特征是具有灵活性。不同种类的徽章可以被用来鼓励不同种类的活动，这是单一积分系统所不能比拟的。徽章还具有认证功能，对于机构内部的游戏化系统，徽章认证可以证明员工具有一定的技能。

案例：网龙公司的游戏化星级系统

从2012年开始，福建网龙计算机网络信息技术有限公司在悬赏、内审、竞拍三大系统的基础上推出游戏化星级系统，将员工符合公司文化导向的行为和成果通过系统予以记录，以星级数量展示，并增加配套福利，激发员工的成就感和文化认同感。

网龙的游戏化星级分为基础星级和浮动星级。游戏化星级系统以职级为基础，每个员工的游戏化星级根据以下内容综合评定：职级、公司工龄；积分；通过公司各项认证考试(如GDA，TTT等)；授课、课件开发；专业比赛、评审官、知识分享、担任主持人、娱乐活动、员工社团、伯乐奖、T20团队奖；业务创新；人才培养(导师制度)；年度绩效；年度评优；书籍出版、职称认证等。所有数据每月5日统一更新，员工每月的星级都可能变化，因此必须每月更换一次工牌。

网龙公司的游戏化星级结构如图5-2所示。

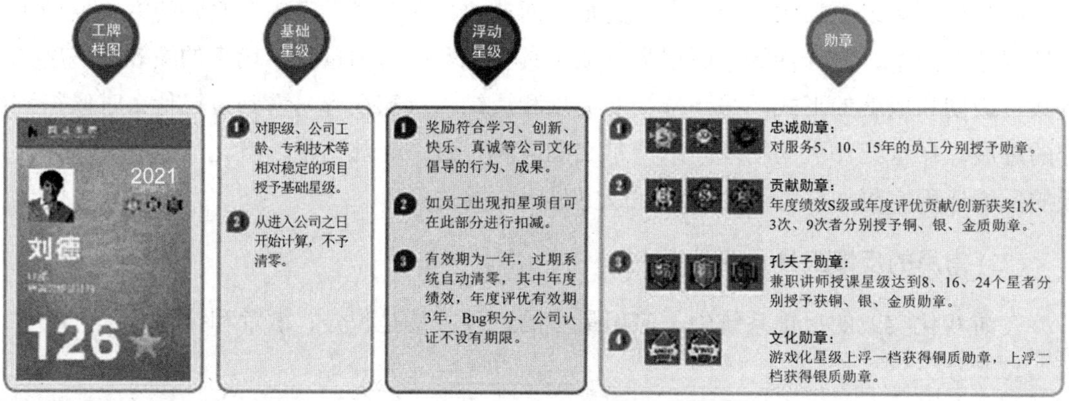

图5-2 网龙公司的游戏化星级结构

由于公司鼓励的文化相对抽象，游戏化星级则能明确地告诉员工公司倡导的行为(含文化与绩效)列表，同时通过即时的游戏化加星和可视化的数值来体现。游戏化星级和每个员工每月的弹性福利(公司提供给员工的额外福利)挂钩。“不是说游戏化星级有多重要，但的确在工牌上显示这个东西后，我希望我的分值更高。”陈洁媛说，“因为一扫工牌，同事就会大概知道你的基本情况。”网龙的游戏化星级由很多模块得分构成，某些福利只对某块星级高的员工开放，很可能两个员工有同样的星级，但由于结构不一样，所以享有的特权也不一样。

资料来源：潘东燕. 游戏化管理在网龙[EB/OL]. (2015-08-21)[2020-07-28]. https://www.sohu.com/a/403865608_120066865.

3. 排行榜

排行榜，是对同类事物的实力反映，带有相互的比较性质。排行榜有双重作用。一方面，排行榜可以帮助玩家知道自己与其他玩家的区别。如果玩家在乎自己在游戏中的表现，那么排行榜是一个强大的驱动力，在使用得当的情况下具有激励作用。另一方面，排行榜会削弱玩家的士气。如果玩家看到自己与位居榜首的顶级玩家相差很远，很可能会放弃这个游戏。很多游戏化管理的实践都证明，“排行榜”是一把双刃剑。

案例：迪士尼与“电子鞭子”

2011年，加州阿纳海姆(Anaheim)的迪士尼乐园酒店推出了名叫“电子鞭子”的洗衣工人排行榜系统：洗衣房的大型平板显示器显示洗衣工人如何迅速完成他们的工作任务，以及他们与其他同事相比的工作速度。不可否认，该系统肯定有积极的一面，但工人之间的关系却日益紧张，工作环境也变得更具竞争性。有些人甚至在休息时段工作，以增加他们的洗衣数量。迪士尼公司的洗衣工人排行榜系统并不是一个完全成熟的游戏化实践，因为它只使用了排行榜，尽管提高了工人的工作效率，也导致了工人的不满。

资料来源：凯文·韦巴赫，丹·亨特. 游戏化思维[M]. 周逵，王晓丹，译. 杭州：浙江人民出版社，2019：79.

在游戏化中，我们可以引入不同维度的排行榜，或者对不同的参与者使用不同的排行榜，提供更多维的发展空间，降低单一榜单的不利影响，以激发各类员工的表现。

当然，这些反馈工具并不是单一的存在，可以根据游戏化的目的，进行不同的组合，以期达到最初的目的。

六、趣味元素的植入

在游戏化过程中，我们往往花费太多的时间拼凑游戏元素，关注用户、目标、规则以及动机等元素，而忽视了游戏的乐趣。判断我们的游戏化设计是否有趣，可以问问自己以下这些问题：如果我是员工，我愿不愿意参加这个游戏？如果不提供任何外在的奖励，我是否依然愿意参与其中？如果不是慑于行政命令或者管理者权威，我是否心甘情愿、兴高采烈地参与？如果答案是否定的，我们就应该考虑怎样能让游戏化管理更加有趣。

(一) 乐趣的4种类型

乐趣有不同的维度和程度。妮科尔·拉扎罗是一位游戏设计师，也是情感研究方面的专家，她在研究一组游戏玩家时总结出4种不同类型的乐趣。

第一类是挑战乐趣(hard fun)，是在成功应对挑战或解决难题时体验到的乐趣，因为克服困难本身就是有趣的。第二类是放松乐趣(easy fun)，放松即休闲享受，是一种不过度消耗自己的休闲方式。第三类是状态改变，是一种实验乐趣(experimental fun)，是尝试新的人物角色和新的游戏体验带来的享受。第四类是社会乐趣(social fun)，这种乐趣依赖于与他人的互动，即使他们之间存在竞争关系。

(二) 乐趣产生的原理

盛大网络公司的陈天桥曾说，乐趣来源于“带入感”，其表现形式是“沉浸”。乐趣有意料之中和意料之外两种。意料之中的，就是自己觉得很踏实的幸福感；意料之外的，就是感到惊喜。游戏化系统的乐趣依赖于特定的游戏情境，而众多用户的乐趣并不一样。并且，用户的喜好并非一成不变，此时此刻的他可能觉得挑战能带给他乐趣，但是明天他可能觉得放松是他最大的需求。所以，游戏化系统也应该灵活多变。

所有这一切的反馈都是游戏设计的手段，我们在进行游戏化管理过程中，设置游戏反馈不是目的，让游戏好玩也不是目的，其目的是通过游戏化管理让员工在有趣好玩的体验中提升绩效，提升管理，提升员工的满意度。

第三节 游戏化在企业管理中的实践案例

游戏化管理在这些年一直被追捧，在中国本土的企业管理实践中也有很多案例。曾经红极一时的盛大网络的游戏化管理给我们提供了很多有价值的经验。

一、案例展示

案例：盛大网络公司的游戏化管理

盛大网络公司(以下简称盛大)“游戏化管理”的核心规则：所有员工都像游戏中的人物一样拥有一个经验值，员工平时的表现和工作业绩通过经验值来记录，员工像游戏角色一样，通过“练级”提升经验值，以获取晋升和加薪机会。

1. “经验值”的获取

经验值分为“岗位经验值”和“项目经验值”两部分，前者就像游戏里的打怪升级，只要员工不犯错误，经验值即随时间的推移自然增长；后者类似游戏里面的“做任务”“做副本”，员工能够以项目为单位拿到更多的经验值。另外，员工在经验值的获取和积累上有相当大的主动性。盛大有“明码标价”的项目招标体系，员工在日常任务之外，如果有能力且愿意再额外承担一些工作，就会获得额外的经验值。

首先，“项目经验值”可以通过接受公司和部门发出的项目来获得；其次，员工带着自己的想法和团队，告诉项目评估委员会，如果这个项目被公司同意立项并且完成，员工同样可以获得“项目经验值”；再次，完成其他员工所发布的求助任务，员工同样能获得相应的“项目经验值”。此外，将自己的知识和技能同大家分享，如果给很多阅读者带来了有益的帮助，阅读者献出“鲜花”，也能获得相应的“项目经验值”。在每年经验值一定的前提下，盛大将岗位经验值与项目经验值的比例控制在4∶6。盛大希望所有员工去挑战自己，去做给公司带来更多价值的事情。

2. 双梯发展模式

盛大为员工设立的是一种双梯发展模式，这种模式划分为1到100的职级，在盛大被称为SD职级。“双梯”是指的并行的专业岗位序列和管理岗位序列，前者指以岗位所需专业经验、技能为主而设定不同的职级大类，后者还要求具备一定的管理能力，承担管理职责。这种“双梯”发展路径对所有员工都是公开的，不管是专业岗位序列还是管理岗位序列，每个盛大员工都可以自主选择发展方向。

双梯发展模式的特点是把专业岗位序列和管理岗位序列之间的通道完全打开，管理岗位序列的员工也有对应的专业岗位职级，而每一个岗位都有一个对应的SD职级。

在这套职级体系的基础上，盛大通过经验值来记录员工在这个体系上的成长。每一个SD职级，都有一个对应的经验值。相邻两个SD职级之间的经验值存在一定的差值。在经验值和经验值差值的设定上，盛大经历了一个反复推算过程，最后采用的函数类似人的生长过程，刚开始时增长非常快，但是随着发展过程当中碰到瓶颈和难度，两个SD职级之间的经验值跨度逐渐加大。

专业岗位序列以“经验值”为薪酬变动依据，不代表职位高低；管理岗位序列代表行政职位等级，薪酬水平以“经验值”积分为依据。

3. 薪酬及晋升管理体系

盛大采取的是季度考核制度，每季度对员工经验值进行考核计算，符合条件的就自动晋级加薪。但是对于一些跨级别的重要晋升，即使晋级对象经验值足够，也必须通过专门的考评委员会把关。考评委员会根据晋级对象技能或管理经验上的欠缺，设定具体任务或制订培训计划，帮助晋级对象获得相应的技能或资历，从而实现晋级。

考评委员会的存在，并不是破坏“游戏化管理”的员工自我管理功能，而是对其更有效的监管和控制，同时确保晋级员工在新岗位的胜任能力。

每年年底，盛大都会发放年终奖，盛大年终奖的计算非常简单，是以年终奖总量除以岗位经验值总量得出一个年终奖基数(获得项目经验值多的员工，会得到晋级，晋级后的岗位经验值会比以前多)。任何员工都可以根据自己本年度获得岗位经验值的绝对值，计算出自己的年终奖数量。

资料来源：百度文库. 盛大的游戏式管理[EB/OL]. (2008-05-19)[2020-07-28]. http://news.stonebuy.com/2008/05/2008519939705.html.

二、案例分析

(一) 盛大的游戏化管理的成功

(1) 盛大的游戏化管理工作方式是一种创新的管理形式。创新的关键词包括岗位经验值、升级、降级、当前经验值、升级所需经验值、每天完成日常事务可得的经验值、参与不同项目可赚取的经验值、经验值排名英雄榜等，这些游戏中的元素让盛大的游戏化管理看起来非常有趣。

(2) 盛大的游戏化管理可以规避传统绩效考核方式的弊端。传统的绩效考核容易产生指标设置不科学的情况，而且在实际考核中总是出现考核人权力寻租现象，但是盛大的这种“经验值”体系提供了一种公平竞争，员工想升级加薪凭自己的本事去赚取就可以了。

(3)“双梯发展体系”为员工的发展提供了更多的可能性。

(二) 盛大的游戏化管理的弊端

(1) 虽然表面上盛大的游戏化管理非常先进，但仍然是管理者从战略的高度、从管理的角度对公司流程运作的预估做出的价值判断，其实质还是一种泰勒式的管控思想。

(2) 经验值的纯量化机制容易形成唯经验值的氛围，员工都去做能够获取经验值的工作，为了避免失败与低分的可能，对创新的工作、对未来的工作就不感兴趣，这对于公司长远的发展是非常不利的。

(3) 游戏式管理工作方式把每件事情都积分化，如何设定一项工作的积分值，以及如何分配一个团队中的积分，对于管理者的管理功底与能力是一项考验。一方面考验管理者是否有从一定高度衡量工作价值的能力；另一方面，如何分配团队积分也是一个难题。另外，团队和团队之间是积分的零和博弈，容易导致对立而非协作，从而造成一定的内耗。

其实，我们运用游戏化管理的初衷就是让员工能够体会到工作的乐趣，激发员工的潜力与创造力，提升绩效，从而实现企业与员工的双赢。因此，我们没有必要为了追求游戏化而游戏化，我们要做的事情是让工作内容丰富化，工作形式趣味化，让员工爱上工作，让员工对工作像对游戏一样上瘾。在游戏化管理的研究设计过程中，我们始终牢记这条准则，才不会偏离方向。

第六章

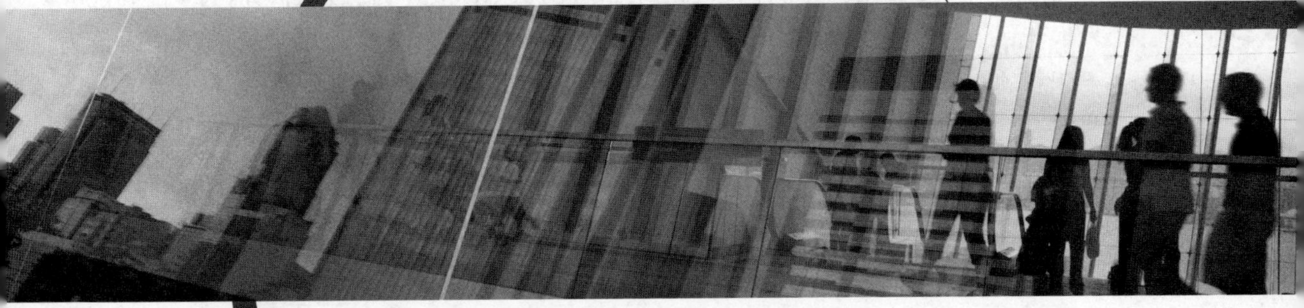

赋能式培训

当员工选择入职企业，其实就是对企业平台的认可。在员工入职的时候，企业对员工的成长就负有很大的责任。员工的成长一方面能让员工自身有满足感与价值感，另一方面能为企业创造更大、更多的价值。而培训是促进员工成长的重要方式。

第一节　培训的重要性

一、培训是企业变革的助推器

企业变革要想成功，需要具备什么呢？通用电气公司就此提出了一个模型：E=Q×A，E是指变革成功，Q是指决策质量，A是指团队对决策的认同程度。而培训，能做到的主要就是提升变量A，也就是说，通过提升公司人员对公司战略以及战略落地相关决策的认同程度，来提升公司战略变革成功的可能性。“团队对决策的认同程度”包括两个方面的意思：一方面是指团队在意愿上对目标的认同深度；另一方面是指团队能力能够跟上。换句话说，没有做不成的事情，只有做不成事情的人。既然如此，以提升组织能力为主要职责的企业培训就应该肩负起企业变革助推的重任。

任何时代的变迁都需要意识先行，都需要以持续不断的学习为基础，对企业来说，培训必然是最好的工具。培训可以推动企业变革，可以潜移默化地改变企业文化，以使企业在业务层面能够迎合客户的要求，在员工治理层面能够逐步发扬民主，激发和释放蕴藏在员工身上的潜能，规模地解决组织在变革过程中的人员能力短缺的问题。

二、培训是战略实现的重要工具

卡普兰教授的平衡计分卡从财务、客户、内部运营、学习与成长4个角度来落实企业的战略。企业要想实现财务指标，就要让客户满意，客户的满意需要由高效可靠的内部流程和员工学习成长来支撑。而内部的流程和员工的学习成长就要靠培训来实现。

第一，培训是企业战略的宣导先锋。当企业确定了战略方向，这一决策不会自然而然地被所有员工了解和接受，需要管理者通过培训来讲解公司实施战略的目的、意义、方法、步骤，让员工从内心深处接受企业的战略，从而认真执行。

第二，培训能帮助企业培养人才。人才作为企业实施战略目标的载体，决定着企业的发展方向。人才培养是企业打造核心竞争力的关键。社会在发展，科技在进步，再适合的员工也是短期适合这份工作，所以要通过培训来提升员工的能力。

第三，培训能帮助企业解决实际问题。杰克·韦尔奇的秘书曾经说过，他们把当时难以解决的问题都放到克劳顿维尔的课堂上。克劳顿维尔管理学院是通用电气高级管理人员培训中心，被《财富》杂志誉为“美国企业界的哈佛”，有人把它称为通用电气高级领导干部成长的摇篮。可见，真正发挥作用的培训能够帮助企业解决实际问题，可为企业提供系统性的、针对性的、可操作的解决方案，并实现落地。

帮助企业解决实际问题是培训部门的根本立足点。

三、培训是培养领导者的重要方法

通用电气的克劳顿维尔就是领导者的培养摇篮。据说世界500强CEO中大约1/3有在通用电气工作过的经历，可见通用电气的继任计划和人才培养确实非常有效。

培训对于领导者的培养并不拘泥于课堂，而是将课堂与工作、理论与实践、实践与复盘相结合，从而让领导者达到知行合一的境界。领导者培训路径如图6-1所示。领导力不是一堂课、一次讨论、一次行动学习就能培养出来的，而是在不断实践中总结、积累、沉淀下来的，即在实际工作中操练，在操练中发现问题，在解决问题中集思广益，在实践后总结复盘，在复盘中沉淀积累。当一次次完成这样的闭环训练后，员工的能力与领导力必然得到提升。

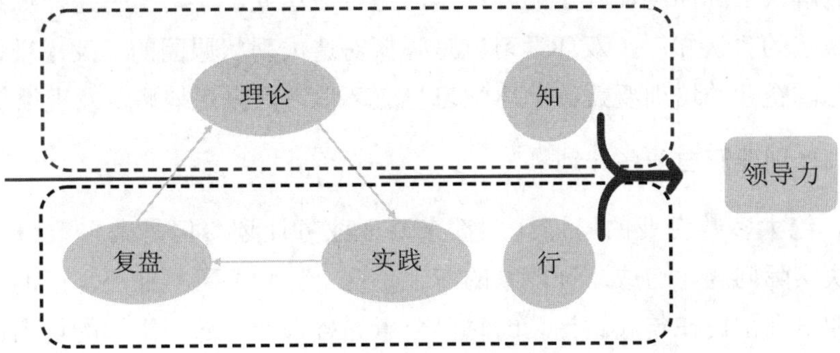

图6-1 领导力培训路径

第二节 培训要有用、有效

随着时代的发展，人才的重要性日益凸显，企业也越来越意识到培训的重要性。但是，很多企业的培训还停留在组织上课、执行员工培训、采购课程等事务性工作阶段。企业培训部门的主要工作就是四处打听哪些课程广受欢迎，哪些课程效果好，还是没有找到适合自己企业的培训方法与手段。职场中有培训负责人自嘲："我们的企业就好比一个处于亚健康状态的中年人，知道人到中年以后要补钙，听说某家药厂生产的钙好，就去买这家的钙吃。"这种人云亦云的培训有可能对于员工能力的提升与眼界的拓展有所帮助，但往往不能有效落地。只有向上关注战略，向下关注员工成长的培训，才能有用、有效。

一、培训要上接组织战略

(一) 培训要立足战略，发现培训需求

根据阿吉里斯的组织学习理论，学习分为单环学习和双环学习两个类别。单环学习是将组织动作的结果与组织的策略和行为联系起来，并对策略和行为进行修正，以使组织绩效保持在组织规范与目标规定的范围内。在单环学习中，组织规范与目标本身保持不变，是对执行层能力的培训，培训的目的就是提升员工能力，以满足组织发展的需求。企业的新员工培训、岗位技能培训、从业资格认证等适合应用单环学习。而双环学习被称为"变

革型学习”，是重新评价组织的本质、价值和基本假设。双环学习不仅涉及执行层的能力问题，还涉及管理层和决策层对组织制度、流程的优化，甚至涉及战略的重新定位。企业发展过程中为解决实际问题而开展的行动学习适合应用此类学习。总之，如果说单环学习强调的是对现状的“认知”，双环学习就是强调对造成现状原因的“反思”，而且是从自身出发的反思。企业的培训要兼顾单环学习与双环学习，立足战略，发现培训需求。

（二）培训计划要源自业务计划

表面上，绝大多数企业的培训计划都来源于业务计划，但是大多数培训都没能帮助业务部门解决实际问题，造成这种现象的原因是这个计划并不是业务部门的真实需求。一般来说，企业培训部门在年底做计划的时候会事先咨询业务部门主管的培训需求，但此时业务主管根本无暇思考这类问题。这种情况下，业务部门提出的培训需求都是浮于表面的假需求，因此培训根本不可能有效果。培训计划必须来自年度重要策略和重点工作，根据业务部门的战略、机遇、优势、劣势，以及团队的现状分析出组织中当前存在的问题，筛选出亟待解决的问题，再根据这些问题研究应该用什么样的方式来培训，需要引进什么课程，或自主开发哪些课程。这样制订的计划才是真正源自战略的计划。

（三）培训要坚持为组织变革培养人才

在商业环境快速变化的今天，企业必须适应性地持续快速转型才能生存和发展，而企业的转型对人的要求也在动态地改变。互联网时代的竞争，是人才的竞争；而人才的竞争，归根结底是能力培养的竞争。路易斯郭士纳认为IBM转型的成功就是员工能力重塑的成功。同样，海底捞把自身的成功归结为“造人”的成功。这些都足以证明人才培养的重要性。培训部门要用业务思维开展培训工作，持续思考以下问题：企业的业务模式正在发生什么转变？这种转变需要什么能力？哪些能力需要引进，哪些能力需要培训，这些能力应该通过什么样的培训方式获得？只有培训始终贯彻业务变革与文化重塑，才能为组织变革培养有用人才。

二、培训要下接员工成长

企业培训在关注企业战略同时，还要关注员工的成长。那么，怎样的培训才能帮助员工提升能力？从员工从事工作需要的能力维度看，能力可以分为岗位技能、方法技能、社会技能。而能力提升的途径有三种：工作中学习、社会关系中学习和课堂培训，这三种学习方式在能力发展中占有的比例是70∶20∶10。这三种学习方式是无法截然分开的，我们可以将课堂培训与工作与社会关系结合起来，充分发挥课堂培训的功用，再用10%的比例去撬动90%的学习效果。

下接员工成长的培训可以从以下4个方面着手。

(一) 培训要聚焦问题

培训的内容要做到跟实际问题直接相关。现在很多企业的培训内容主要有两个来源：一是采购热门的课程；二是企业内部讲师基于年度培训计划开发的部分课程，或者企业一直沿用下来的课程。采购的课程当然不会触碰企业自身的实际问题，而如果内部培训师的能力与专业度不够或收集上来的培训需求不切实际，那么也触碰不到企业的根本问题。当面临这种培训的时候，员工根本不愿意参加，或者即使迫于公司压力参加，对于培训内容和培训老师也会有所怀疑。当学员没有学习动机和学习热情时，培训是无法产生预期效果的。所以如果要想使培训有效果，培训内容就必须聚焦实际业务本身。当培训能真正帮助企业解决问题，或者能给学员带来提升与改变的时候，培训才能发挥出应有的作用。

(二) 培训要注重转化

让培训促成学员的改变，通过学员的改变来带动企业绩效的提升，是企业培训最期望的效果。要想让培训“下接绩效”，就应该在培训中注重学员的转化，让学员发生改变。如果培训师只是在培训中讲解理论知识，要求学员在培训后“消化”和运用，那么学员很难发生改变。培训师应要求学员在课堂上进行充分的、反复的练习，将“学”和“习”充分结合，让学员在课堂上对各种可能出现的状况加以演练，能够得心应手地处理各种状况，收获处理各种问题的勇气和信心。

(三) 培训要经常复盘

这里的“复盘”有双层含义：一方面对培训活动组织的复盘；另一方面结合培训内容，对于与培训内容相关的过去的真实案例进行复盘。著名的管理思想大师查尔斯·汉迪说，只要对过去经历的事情加以反思，学习就发生了。首先，当一场培训活动结束时，作为培训的组织者或者参与者需要针对培训的内容与组织进行复盘，总结这次做得怎么样，哪些地方做得好，哪些地方还存在欠缺与不足。对于好的地方，继续发扬；对于欠缺的地方，进行改进，这样就有利于下次培训活动的开展。其次，对过去真实案例进行复盘。这种复盘主要体现在两个方面：一方面，要思考对已经发生的事件，我们能从中学到什么，又有什么教训？另一方面，要思考如果将来再遇到类似的事情，我们最应该做的改进是什么？对于真实案例的复盘比学习虚构的故事更有效，因为在经历实践的过程中，当事人有了行为投入和真实的情感体验，在深入反思和总结其内在的规律与方法后能促成当事人的行为、情感和认知的融合。需要注意的是，这个真实案例必须是实际业务中的场景。

第三节 行动学习

一、行动学习的定义

行动学习是由英国管理思想家雷格·瑞文斯教授最早提出的。实践证明，它是一种非常有效的培训方法。所谓行动学习，就是透过行动实践学习，即在一个专门以学习为目的的背景环境中，以组织面临的重要问题为载体，学习者通过对实际工作中的问题、任务、项目等进行处理，从而达到开发人力资源和发展组织能力的目的。行动学习的本质是对社会化的经验学习，是数据的跨脑连接，是算法的优化升级。行动学习更有价值的地方在于：用我的算法加工你的数据，用你的算法加工我的数据，实现了不同个体之间进行数据和算法的交叉迭代。

二、行动学习的主要方法介绍

行动学习的技术有很多，经典的工作坊有“世界咖啡”“欣赏式探询”“群策群力”“未来探索”“开放空间”“团队共创”等。据不完全统计，大大小小的工作坊技术有100多种，而且还在不断增长中。这里的每一种技术都有适用的背景，在实际应用中，企业根据不同的情况与面对的实际问题选择一种工具或几种工具，或者选择一种工具的某个或几个环节与另一种方法的某个或几个环节相结合。下面简要介绍几种行动学习的方法。

(一) 世界咖啡

“世界咖啡”适用于解决组织面对当前或未来组织经营管理的核心问题，主要是通过营造轻松惬意的讨论氛围，激发大家的讨论兴趣，通过集体交流的方式激发团队智慧，达到解决问题的目的。“世界咖啡”会议模式的主要精神就是“跨界”，不同专业背景的参与者，突破既有经验限制，把共同注意力集中在关键问题上，发表各自的见解，通过集体参与和分享，激发灵感，获得优质方案。

(二) 欣赏式探询

“欣赏式探询”的理念主张探究团队优秀的一面，用发现、梦想、设计和实现愿景的过程取代批评、否定、局部治疗和被动应对的过程，用探询、正面引导和主动想象的手段取代干预、惩戒教育和外部控制的手段，从而实现组织成员和组织自身的共同发展与改进。欣赏式探询的“4D”循环模式如下所述：第一步，发现(discovery)团队或组织中的闪光点，以此激发学员的共鸣；第二步，询问梦想(dream)发生什么，引出共同愿景；第三步，设计(design)可选择的方案；第四步，如何实现(destiny)这个方案。“欣赏式探询”通常用于团队遇到困境甚至丧失信心的时候。

(三) 群策群力

“群策群力”是在团队确定目标后，营造全员系统思考、坦诚交流的环境，并通过这样的环境来凝聚组织智慧，快速解决议而不决、扯皮推诿的问题，使全员共识目标、共创计划、共同行动。狭义上讲，我们可以把“群策群力”理解为通过会议进行沟通。这个“会议”分以下几步进行：第一步，根据SMART原则(specific——具体的、measurable——可测量的、attainable——可达到的、relevant——相关的、time-based——基于时间的)找出目前组织存在的重要紧急且有价值的大家关心的问题；第二步，通过畅享问题解决后的庆功场面激发大家的乐观情绪与兴趣；第三步，反思现状与畅享的差距；第四步，通过“团队共创”工作坊拟定对策；第五步，根据拟定的对策制订具体行动计划；第六步，通过“城镇会议”对行动计划进行质疑与反思。“群策群力”这一方法里面可以包含很多的其他的工具，比如“团队共创”“欣赏式探询”和部分“世界咖啡”的操作。

实践中，我们不必拘泥于具体的方法和工具，可以根据行动学习主题的性质有针对性地开发研讨方案。但是不管采用什么方法去解决实际问题，我们都可以发现行动学习的逻辑就是通过“发散”的工具鼓励参与者调用集体智慧找到问题解决方案上的各种可能，然后通过“聚焦”的方式对各种方案的有效性和价值进行评估，找到更可能、更可行、更容易实现、代价更小的方案。

三、行动学习的设计流程

行动学习要想取得好的效果，必须经过精心设计。行动学习流程主要包括4个步骤和1个导入，具体如图6-2所示。

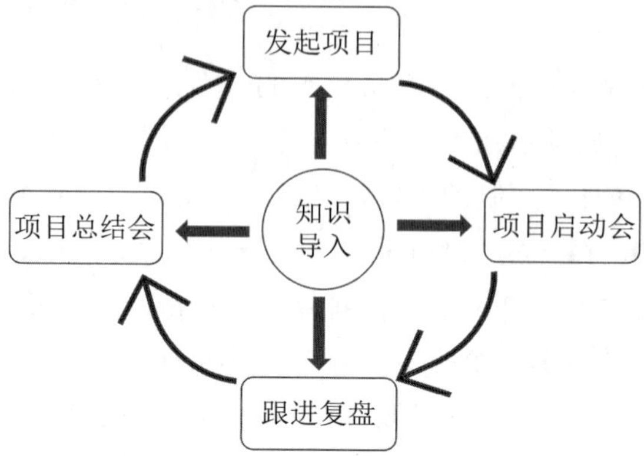

图6-2　行动学习流程

(一) 发起项目

发起项目阶段的主要工作包括前期调研、深度会谈、成立行动学习委员会，其关键点是与高管(项目发起人)的深度会谈(约1天)，通过深度会谈明确组织的关键目标和实现此目标中的关键难题，并根据此难题确定此次行动学习项目的课题、目标、参与者(人数、具体人员)、地域、团队组成形式、相应的配套奖惩机制。

(二) 项目启动会

项目启动会一般安排2天1晚，其目的是通过一套科学与艺术结合、感性与理性兼具的会议流程唤起团队的积极情绪和内生智慧，达成承诺和高度共识，形成可执行和符合SMART原则的计划，并现场向领导汇报，领导当场做出决策。

(三) 跟进复盘

跟进复盘阶段一般每个月安排2天(持续时间为4～12个月)，其中1天复盘会议、1天集中辅导或分散辅导。复盘会议的安排是跟进并检查进度，通过持续的“城镇会议”引发团队的质疑和反思，促进员工成长和项目的推进。辅导工作的安排是通过解决问题工作坊帮助学员把过程中学到的技能运用到项目中，以解决实际问题并学会融会贯通。

(四) 项目总结会

项目总结会一般安排1天。项目总结会是最后的成果验收会，也是进行知识管理、团队建设和企业文化建设的最好方式。

(五) 知识导入

知识导入这个环节通常穿插在项目过程中，也可以安排在项目开始，以补充项目过程中学员可能缺失的知识点，其时间长度根据实际需要确定，有的几天，有的十几天，知识导入环节也可改造为微课程，然后将其融入辅导环节。

这个行动学习的流程只是一个参考，并不是行动学的标准流程，而且行动学习项目也没有标准流程，行动学习的核心是实现组织目标，流程只是手段、工具。

四、行动学习成功的关键因素

(一) 确立目标问题

行动学习的效果不好很大部分原因是目标问题没有选好，那么选择行动学习的目标问题要注意哪些方面呢？行动学习能解决的问题分为业务问题和人的问题。尽管有时行动学习解决业务问题的同时能让参与者有很大的收获，或者解决人的问题的同时对业务有很大的促进，但设计者必须明确：此次具体行动学习项目究竟是以解决业务问题为主，还是以解决人的问题为主。这是非常重要的原则性问题。

如果是业务问题，又可细分为战略方向问题和执行方向问题。战略方向的问题研讨更务虚，需要面向未来、激发右脑，需要更多一些外部视角和客户视角，需要更大胆的设想，需要更多的设计思维和产品经理思维；而执行方向的问题研讨更务实，需要直面当前的问题，需要更真实的一线真实经历，甚至是冲突，需要切实可行的策略和马上就能实施的计划，如图6-3所示。

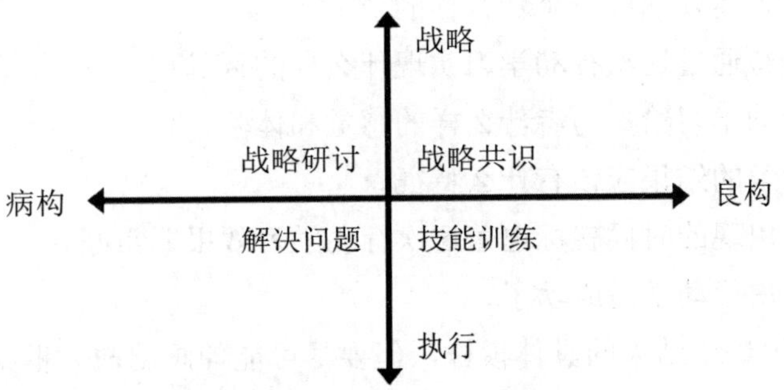

图6-3 培训内容定性——业务问题

如果行动学习研讨的重心为解决人的问题，就要思考：我们是希望人们的态度、信念、价值观发生改变，还是希望人的行为发生改变；是希望人们对客观事物的认知结构发生改变，还是希望人们的追求发生改变。因为偏向改变认知和偏重改变行为的学习方式是不一样的，具体如图6-4所示。

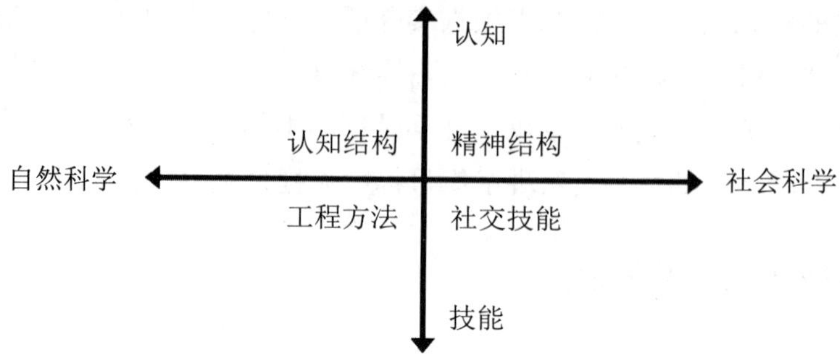

图6-4　培训内容定性——人的问题

以“业务”为中心的行为学习需要更多的理性思维，而以“人”为中心的行动学习需要一些人情味和感性元素，对研讨氛围的要求更高。对于不同性质的问题，对应目标的侧重点及其研讨方式是不一样的。

(二) 描述期待的结果

在开始行动学习前，对最终要达成的结果有一个尽可能详细的描述，有助于启发参与者的思维，使其朝着结果的方向努力。病构问题从对问题的陈述到结果的描述，自由度和发挥空间都很大。尽管有时我们想要的结果就是一种感觉，甚至最初只有一个目标和意图，但仍然要尽可能通过不断地提问把结果描述得清楚一些。下面的问题可以帮助学员更清晰地描述结果。

- 这次行动学习需要达成一个什么样的效果？
- 高层领导期待通过这次行动学习实现什么样的目的和意图？
- 希望这次行动学习给参与者什么样的感觉和体验？
- 这次行动学习的结果应该有什么特征？
- 有哪些现象出现的时候就标志着这次行动学习效果非常好？
- 怎么知道这次行动学习成功了？

尽管不能描述出最终结果的具体模样，但要尽可能勾画出成果框架和评价标准。反复提出这些意思接近而表述形式不太相同的问题，有助于学员尽早确立一个成果框架。

(三) 明确实施的路径

前面介绍了行动学习的不同工具，已经明确不同的工具有不同的特点和使用范围。在这个阶段，我们需要根据解决的问题来灵活确定使用工具，甚至可以进行工具的拆分、组合。

行动学习是一个长期的实践过程，只有不断揣摩、持续改进，才能真正达到“运用之妙、存乎一心”的境界。

(四) 明确角色与分工

行动学习开展过程中是有分工协作的，不同的角色承担不同的责任。事前确定好每个角色人选以及各自的工作任务，有助于行动学习的有效开展。行动学习的关键角色如下所述。

1. 发起人

发起人，有一定决策权的公司领导层人员。发起人能够深刻认识到行动学习的意义和价值，指明行动学习要达到的目标和对结果的要求。发起人在前期可以作为普通成员参与行动方案的制定，也可以不参与，但最后要对行动学习形成的解决方案进行评价，决定是否要投资，是否组建团队将其付诸实施。

2. 组织者

组织者，是具体组织实施和管理行动学习过程的人。组织者能够号召相关参与者参与，负责行动学习项目的正常进行，筹措行动学习所需要的各类资源，控制行动学习项目的风险。组织者要求具有良好的沟通协调和组织管理能力，还要有一定的调配资源能力。

3. 催化师

催化师，是行动学习的核心角色，是行动学习的过程专家。催化师负责行动学习的设计和对过程的把握。催化师熟悉具体的行动学习方法，能够保证行动学习项目按计划推进，并能够运用引导技巧主持整个行动学习过程。催化师要具备良好的沟通协调能力和随机应变能力。

4. 小组长

小组长，配合催化师工作，负责组织本小组成员按照行动学习的流程和要求参与研讨并形成结论，对本小组成员的行为表现进行督导和评价。

5. 参与者

参与者，是解决问题的主体，也是行动学习的发展对象，为组织内部人员，有时也从外部引进少量参与者。参与者要对所研讨问题有最直接的感触和基本认识，甚至是对内容很熟悉的领域专家。根据研讨需要，参与者可能被分为多个小组，也有的参与者担任小组组织者的角色。

不同的团队可能对某个角色的称呼有一定的区别，但其主要职责大同小异。在行动学习的实践中，每一个角色都非常重要，缺一不可。

(五) 进程中持续复盘

柳传志在联想推行复盘工作法时，说："做一件事情，无论失败或成功，都要重新演练一遍。大到战略，小到具体问题，原来目标是什么，当时是怎么做的，边界条件是什么，边界条件是否有变化，都要重新演练一遍。我觉得这是提高自己非常重要的一种方式。”复盘的根本目的就是从已经发生的实践中开发出一套应对某类情境的流程和工具。

复盘是行动学习最终能否成功的关键所在。“行动学习”时制定的方案措施在实施的过程中，必须要周期性地进行复盘，这样才能了解这个方案在实施过程中的情况。例如，目前的结果与当初的目标是否一致？哪些地方不一致？达成目标是因为什么？未达成目标的原因是什么？如果未达成阶段性目标，下一步的改善措施与行动计划是什么？只有详细跟进到每一个时间节点并进行准确复盘，才能步步为营地进行充分推动，最终实现目标。复盘主要有4个步骤，如图6-5所示。

(1) 回顾目标：当初的目标是什么？当初的目标是真正想要实现的吗？制定这个目标时，是否关注到共同利益，兼顾对方目标？

(2) 评估结果：事件取得了哪些理想的结果和哪些不理想的结果？你的所作所为达到当初的既定目标了吗？

(3) 分析原因：成功的关键因素(主观/客观)有哪些？不足的根本原因(主观/客观)是什么？

(4) 总结经验：如何使行为的结果和当初的意图一致？从这个事件中我们学到了什么？

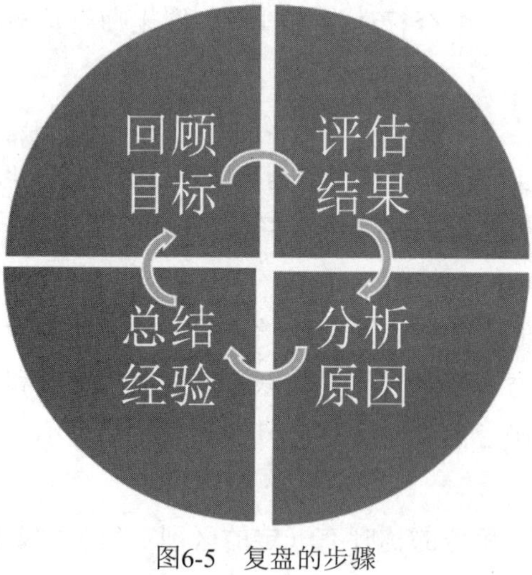

图6-5　复盘的步骤

(六) 争取高层管理者的支持

行动学习是不同于培训、咨询的组织发展干预手段，所以组织在推动行动学习项目的过程中会遭遇比较多的质疑——组织“噪声”。这些“噪声”既是改变现状的机会，也是阻碍行动学习推进的威胁。机会在于，组织可以通过行动学习解决问题的过程刺激组织范式发生转变；威胁在于，正在实施的行动学习项目容易被传统的力量抵制而遭遇失败。所以，获得高层管理者支持对处理潜在阻力和确保成功就变得非常重要。而高层管理者的参与是行动学习研讨成果付诸实践的重要保障，如果高层管理者能够现场就行动学习的解决方案进行评价和决策，那对参与者的激励作用是无穷大的。人力资源部门可以借助外部的行动学习专家，采用高层管理者研讨会的方式，向高层管理者阐述行动学习的概念，分享其他组织开展行动学习取得的成效以及带给组织的价值和利益、可能遇到的阻力、获得高层管理者支持的意义和必要性，提升高层管理者对行动学习的认知，从而获得支持。

第四节　逆向导师制

很多企业为了帮助新员工更快适应企业文化、熟悉工作内容，会有老带新的帮扶制度；或者为了培养有潜力的年轻人，为潜力员工安排德高望重或位高权重的人当他的老师。但初入职场的“95后”“00后”并不认同之前这个观念，他们不惧权威、排斥命令、拒绝接受命令。“95后”“00后”的这些特征，对于经营管理的许多经验构成了强有力的颠覆挑战。如何让高层管理者的经验更好发挥作用，如何让“95后”“00后”的职场新人更加充分发挥自己的特性，是很多企业面临的问题，而解决这两个问题最好的方法就是施行“逆向导师制”。

一、逆向导师制的定义

什么是逆向导师制？逆向导师制度是指导师和学徒之间的学习关系。其中，导师更年轻，熟知新的技术或社会行为；学徒的工作经验丰富，但是对于新技术或者新的社会行为不了解。也就是说，逆向导师制就是刚好把传统的导师制中的角色做了互换。在逆向导师制中，导师是那些在企业里级别低，但是对新技术、新社会行为、新观念了解的“95后”甚至“00后”，而学徒是企业的中高层管理者。逆向导师制最大的无形价值在于向双方传递信心。一方面让经验丰富的高层管理者有机会熟悉新技术、新行为和新观念；另一方面让担任导师的年轻员工有机会与更有经验的人一起工作并获得认可。并且，当德高望重的高层管理者以学员身份虚心向年轻员工学习时，企业会呈现一种民主开放的工作氛围。更为重要的是，“95后”“00后”能够有机会担任导师，是对自己价值的充分体现，这样，他们在企业更能找到归属感。

二、逆向导师制在企业的应用背景

虽然逆向导师制是一项很好的制度，但并不是所有的企业都适用这一制度。适合应用逆向导师制的企业有以下几个特点。

(一) 企业具有一定历史且管理层老员工居于高层比例较多

企业管理者的眼界、格局与能力决定了一个企业在市场中能够走多远。但是，有些企业随着规模的不断壮大，在市场的生存年限越来越长，其高管队伍不断老化，管理层慢慢会失去对新鲜事物的好奇心，对于未来发展趋势的判断力逐渐削弱。逆向导师制能够帮助大龄或者高龄管理层保持不断学习的状态，使其保持积极向上的青春活力。

(二) 企业氛围相对传统保守

在一些企业中，随着制度的不断完善，其文化氛围越来越倾向于保守，企业管理层对外界的变化了解甚少，即便是感知到外界的变化，也会因为重重顾虑而不愿意改变自己去接受和适应变化。制度性的逆向导师制能够搅动企业传统的沉闷的文化，起到一定的鲶鱼效应。

(三) 企业处于变革转变时期

处于变革转变时期的企业需要一种“新鲜”的管理制度冲击原有的传统观念，这样能够助力变革成功。

三、逆向导师制对角色的要求

(一) 对“导师”的要求

逆向导师制中的“导师”是年龄相对较小的基层员工，处于传统意义上的“弱势”地位，如果想要逆向导师制得以成功实施，除了企业本身在政策上支持“导师”之外，对导师本身有一定要求。例如，这位“导师”从内心深处接受该项制度，意识到该项制度对企业、对自身成长的帮助；在新技术和新态度方面拥有丰富的成功和失败的经历，并愿意坦诚地分享；愿意花时间和精力指导别人，以期看到指导对象不断成长、获得成功。

(二) 对“被指导对象”的要求

“逆向导师制”中的“被指导对象”是职级高、工龄长的领导，如果向职级、工龄相差较多的基层员工学习，对于“被指导对象”还是具有一定挑战的，所以，在执行该项制度的时候对“被指导对象”也有一定的要求。例如，这位“被指导对象”对于建设联系紧密、跨越年龄层次的团体非常感兴趣，愿意放下身段、抽出时间虚心学习；能够以身作则，积极反馈，能够切实执行与拥护这项制度。

虽然“逆向导师制”目前还没有得到很好的推行，但是这种逆向学习的理念是值得倡导的，给经验丰富的管理层一个亲近基层的机会，也给年轻人一个充分发挥自我价值的舞台。

案例：中国版“导师”从微博教起

通用电气大中华区洋掌门夏智诚并不精通中文，却非常喜欢玩中文微博。他希望通过自己的微博，让年轻一代更多地了解通用电气，但他又不愿意将个人的微博交给背后的公关团队打理。随着通用电气“逆向导师”的启动，夏智诚为自己找到了三位“85后”的小导师。

这三位导师的主要任务是帮助夏智诚改进微博的沟通方法，但是究竟哪些话题可以影响年轻人，又怎样影响，这些都要经过周密的规划。有了这三位导师，夏智诚会把他想发布的内容提前在微信上和导师们沟通，讨论之后再发布到微博上。

以前，夏智诚总在微博上发英文，导师们告诉他，用英文表达的微博对中国粉丝来说吸引力不够，可以试着用双语表达；以前，他在微博上几乎只发与公司有关的内容，导师们告诉他，可以将自己的兴趣爱好，比如旅游、阅读状态发表在微博上，让大家了解他的生活。有一次，夏智诚要去复旦大学给学生做演讲，问导师们讲什么能够吸引年轻学子。沟通中，导师们发现夏智诚学生时代的第一份工作居然是去澳大利亚放牛，第二份工作是上门做推销员，于是，强烈建议他把这两条内容配合着放牛的照片放在微博上。这样做效果果然不错，既亲民又有趣。

如今，夏智诚的微博不再是满版文字，有了中英文对照版，还有了有趣的图片和视频，一下子拉近了和读者的距离。

资料来源：百度文库. GE值得借鉴的“逆向导师制”[EB/OL]. (2014-01-03)[2020-07-28]. https://wenku.baidu.com/view/46ca6bdc19e8b8f67c1cb981.html.

四、逆向导师制的执行要点

(一) 项目宣传要到位

人们需要看到逆向导师在某种程度上对企业业务的贡献，而不仅仅是让一些新来的年轻员工得到特殊待遇。所以该项目负责人如何介绍这个项目非常关键，应该让大家看到并了解这种制度的影响力远远超出导师的指导范畴，同时也会对企业业务产生影响。只有当项目跟企业业务挂钩，大家才会真正重视起来。

(二) 受众面积要逐渐扩大

逆向导师制并不仅仅是针对CEO层面，中层经理以及一线主管同样需要逆向导师。因为这是一种消除代际隔阂的方式，而有时候代际隔阂会让工作场所中的沟通没有办法正常进行。但是，氛围过于传统的企业大规模实行逆向导师制有些不切实际，建议先从高层开始进行小规模试点，并对过程进行反馈，对结果进行总结与宣传，让大家看到应用这种制度的成果与企业的决心后，再在更广层面上推广。

(三) 制度原则要明确

“导师”和“被指导对象”应该遵守一些约定，或者用相应的制度对该制度进行规定。比如，时间冲突时的处理方式、反馈与会议方式、检查流程、经验分享的频率、优秀小组的奖励等。当这些原则以制度的形式被规定之后，对大家都是一种约束，这是保证项目执行的重要保证。

(四) 项目执行要坚持

在项目开始之初，要设定项目目标，对于彼此的学习结果要有期待与预估。“导师”与“被指导对象”在后期的一段时间内需要围绕着目标共同努力。在制定目标之后，“导师”与“被指导对象”要做的事情就是坚持。一个项目一般会持续3～6个月，在刚开始的3～4周，大家彼此都会有新鲜感，但随着时间的推移以及工作任务加重，项目执行的难度会越来越大，“导师”和“被指导对象”更应彼此努力、共同坚持。

第七章

联盟型员工

战略—组织—人才是企业运营的基本逻辑，而人才是企业永恒的话题。

对于现在的企业来说，不管是大企业还是举步维艰的中小微企业，都很重视与渴求人才，因为好的战略需要组织去实现，组织又是由人才组成的，脱离人才谈战略永远只能是自欺欺人的行为。虽然各家企业都有自己的痛点，但“千金易得，良将难求”是大家共同的呼声，而求得人才的第一步就是——招聘。

第一节　招聘的难点及化解方法

一、招聘的难点

(一) 简历筛选难

HR发现，现在通过招聘平台找到合适的简历已经非常难了。一方面是因为职场竞争力相对较弱的求职者“海投”，导致简历不符合要求；另一方面是因为企业的招聘渠道选择错误，导致简历不符合要求，比如针对迎接毕业生的职位空缺广告发布到以社会人才为主的招聘网站。

(二) 面试邀约难

对于HR来说，面试邀约简单吗？很简单，只是看个简历、打个电话、发个邀请，然后就是坐等面试。面试邀约困难吗？很困难，打几十个电话，接通的有十几个，能过来面试有十来个，HR都已经被爽约到怀疑人生。简单的事情，却是一个困难的过程。当然，临时爽约除了与候选人的素质有关外，还与企业的吸引力和HR邀约策略有一定的关系。

(三) 允诺到岗难

HR经常会遇到这种状况：经过面试、笔试、测评、评鉴等一系列的环节，企业向合适的人才发出录用通知，但到岗率与预期相差较大。造成这种状况的原因比较复杂，可能是录用者的面试体验不太好；可能是原单位不同意离职；可能是录用者考虑后觉得公司给出的条件与个人需要不完全匹配；可能是同时面试的其他公司提供了更优厚的待遇；也可能是等待入职时间过长。

(四) 招到双方合适的人才难

从建立人才库到面试邀约，再到录用通知发放，最后到录用者入职到岗，终于走完了招聘流程，企业也有可能发现招聘到的人才与企业的要求相差甚远，或者虽然人才符合企业的要求，但他不适应公司要离职。

二、化解招聘难点的方法

(一) 确定招聘地位

招聘工作已经日益成为企业最重要的战略工作，因为人才犹如源源不断的活水，能够让企业焕发生机和活力，获得长足发展。合适的优秀人才的及时供给与保留，不仅有利于企业的发展与壮大，同时对企业成本的管控与利润的提升有非常重要的贡献。

> 在公司内部，我看不到比招聘更重要的事了，招聘不只是人力资源部的工作，而是上至CEO，下至普通员工的工作。
>
> ——雷富礼，宝洁公司前CEO

企业要想取得人才竞争的优势，招聘必须成为企业的头等大事。例如，小米、谷歌、奈飞等企业都非常重视人才招聘。雷军说，在小米成立之初，他把80%的时间都花费在招聘和面试上。谷歌认为，对于管理者而言，“工作中最重要的事情”就是招聘人才。谷歌的领导人对每位面试者的态度都一丝不苟，无论面试者应征的是初级软件工程师还是高级总经理，谷歌的面试官都会投入非常多的时间和精力，尽其所能地为谷歌引入顶尖人才。奈飞也是如此，《奈飞的文化手册》一书中提到，“我们永远在招聘”！

同样，对于中小企业来说，招聘的重要性更是不言而喻。所以，中小企业的高层管理者要分出很大一部分精力和时间来处理招聘的具体业务，如果做不到亲自把握每个岗位的招聘进度，可以设定一定级别以上的人员参与到面试过程。这样做一方面彰显了企业对招聘的重视，另一方面彰显了企业对人才的尊重。

(二) 营造招聘氛围

营造招聘氛围主要体现在以下三个方面。

1. 营造全民招聘的氛围

谷歌创始人之一拉里佩奇说过，每个员工只需引荐一位俊才，企业的人员规模就可以翻倍。所以企业要营造一种全民招聘的文化氛围，树立“物色人才，人人有责”的思想，并且把这个思想渗透到企业深层。例如，统计每个人举荐的人数和带来参加面试的应聘者人数；评估员工填写面试反馈表的效率；鼓励员工为招聘出力，并记录员工参与招聘活动的频率；在评估业绩和提拔员工时将这些数据作为参考；等等。

2. 延长招聘时间线——永远在招聘

按照目前人才市场活跃曲线来看，每年的3、4月份是招聘和求职的旺季，但我们不能忘记以后月份的招聘压力，因为现有人员随时可能离职，企业的战略调整可能对某种人才的需求猛增，所以企业要永远走在招聘的路上，营造时刻在招聘的氛围。

3. 让HR转变为HRBP

HRBP全称为human resource business partner(人力资源业务合作伙伴)，是企业派驻到各个业务或事业部的人力资源管理者，主要协助各业务单元高层及经理负责员工发展、人才发掘、能力培养等工作。虽然HRBP是HR的发展方向，但是目前中小企业的HR成为真正意义上的HRBP可能还有比较长的一段路要走。中小企业的HR主要从以下几个方面向HRBP靠拢。

(1) HR要参加业务会议。参加业务会议是HR了解业务的最方便有效的方法。HR在参加业务会议前，要了解公司的产品与客户信息，这样，当HR与业务部门的负责人讨论产品与客户时，他们会对这个HR刮目相看，对他更加信任，进而更加支持他的工作。

(2) 邀请业务经理共同参与面试。在面试过程中，HR要关注业务经理的提问，通过他的提问看他关注的是哪些方面，了解他对候选人的关注点。在面试结束后，HR要跟业务经理交流意见，为后期简历筛选与面试改善做准备。

(3) HR要关注客户。“关注客户”意味着HR了解客户的购买标准；帮助阐明客户的价值主张；与客户、利益相关者和员工一起建立公司的品牌；确保所在企业的文化(和品牌)在外部利益相关者的心目中得到认可；设计一种专注于满足外部客户需求的文化。只有当HR关注客户并对客户有一定了解后，才能更好地进行管理实践，包括制定招聘与面试标准、绩效指标，以及组织决策等。

(三) 改变招聘方式

招聘方式的改变主要表现为以下几点。

1. 招聘主体权利的迁移

有统计显示，现在的人才市场大约20%的人属于主动型人才，80%的人属于被动型人才。主动型人才是指主动积极找工作的人，表现为主动寻找机会、主动投递简历等；而被动型人才大多是企业里的优秀在岗员工，他们不会主动寻找工作机会，但对有兴趣的工作持开放的态度，更换工作的方式是通过人脉资源介绍或猎头公司，他们只关注更好的机会，并且表现出“三不”特征：不主动、不面试、不低就。值得注意的是，行业和职场中的那些优秀人才通常是被动人才。这就不难解释为何传统的坐等大家投递简历的“守株待兔”式的招聘方式无法满足企业人才需求的问题。可见，有效招聘的权利主体已经发生迁移。如果说传统的招聘模式是以企业为主导的 “人才采购模式”，那么现在的招聘应该是以人才为主导的“营销模式”。“营销模式”并不是要让招聘官向求职者兜售某个职位，而是要求招聘官主动寻找候选人，然后通过在线平台或者现代通信工具与候选人建立链接。更为重要的是，如果候选人在与招聘官接触的过程中感受不到被重视、被尊重，那么他们可能会利用社交网络、朋友圈分享自己对于雇主品牌的感受，而这种差的口碑效应将对企业在后期的招聘造成困扰。

> 如果你让对方不爽，在真实世界里，他们会告诉6个朋友；而在互联网上，他们会告诉6000个人。
>
> ——杰夫·贝索斯，亚马逊创始人

2. 重视应聘者的应聘体验

(1) 重视应聘者应聘体验的原因。在招聘的主体发生迁移的前提下，要求企业更加注重应聘者的应聘体验。因为好的应聘体验将提高候选人的满意度，提升雇主品牌，从而提高招聘的成功率。而招聘的高成功率可以直接降低招聘的总体成本，加速企业的良性运转。

(2) 不重视应聘者应聘体验的表现。几乎所有的企业都重视客户体验，因为客户体验直接影响客户的购买行为，而客户的购买行为以及重复购买行为直接影响企业的销售收入和利润等关键业绩指标。但是很多企业都存在忽视应聘者应聘体验的情况，例如，从企业角度确定面试时间(以自我为中心)；候选人到达后，需要等待漫长的时间才能面试，平均等待时间超过半小时，原因无非是面试官忙于开会、接待其他客户、接电话等(时间管理差)；面试官穿着、举止随意，提问漫无边际(面试官不专业、不亲和)；过多的面试次数，过多不必要的笔试、测评，过多无关人员加入面试(选才流程复杂、冗余)；会议室没有面试位置，只能在茶水间或一些简陋的房间面试，让候选人觉得不受尊重(准备不充分)；等等。

(3) 改善应聘者体验的措施。通过对应聘者体验差的原因分析，我们了解到应聘者体验是高度碎片化和内视化的，所以，我们按照应聘者了解企业的时间维度，将应聘者与企业接触的时间点(简称“触点”)分为预先触点、起步触点、核心触点和结尾触点4种，如图7-1所示。

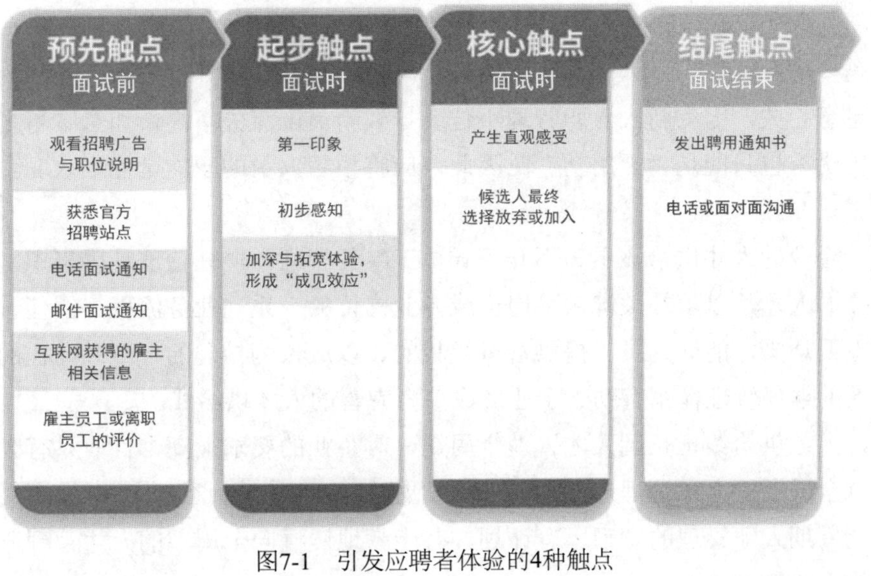

图7-1　引发应聘者体验的4种触点

我们从应聘者可能产生情绪的每一个触点着手，将零散的改善措施进行综合归纳并分类后，得出应聘者体验改善主要可以从以下4个维度进行，具体如表7-1所示。

表7-1　应聘者体验改善维度和措施

维度	措施
时间维度	(1) 给应聘者提供更加灵活的面试时间 (2) 应聘者抵达公司后，所有互动都需要尽可能做到及时化，避免应聘者等待
设计维度	(1) 设计合理的应聘者体验旅程 (2) 细分出所有的颗粒化的触点，分析每个触点上应聘者可能产生的所感、所思、所为，确保把每一个触点的微体验尽可能地做到极致 (3) 极致体验的前提是尊重和满足应聘者自我实现的需求
技术维度	(1) 通过技术手段建立双向评价系统，约束面试官的行为 (2) 通过应聘者到达前台后扫描二维码，自动记录其到达时间，面试时由面试官计算应聘者从抵达到开始面试的等待时间、面试起止时间等 (3) 通过短信、邮件等数字手段即时发出通知 (4)通过强大的应聘者关系管理系统、应聘者跟踪系统提升应聘者体验
互动维度	(1) 与应聘者发生接触的保安、前台人员需要进行态度与行为的培训 (2) 面试官需要进行专业的培训，确保做到友善、专业

3. 招聘供给线延长到人才管理全周期

传统的招聘管理从产生职位空缺开始到给候选人发出录用通知结束，但实际上招聘管理应该将新人入职管理、正式员工继任管理等工作囊括进来。

越来越多的企业意识到人才供给线的健壮与否不仅取决于外部招聘，还和内部的新人入职管理息息相关，因为新人入职管理不佳会导致新员工流失率高，那意味着之前的招聘工作做得再优秀也只能是“无用功”。因此，应将招聘人员的职能延伸到入职阶段，减少新员工流失。

同时，企业的人才供给线更离不开正式员工继任管理。继任管理是用来识别和培养组织内部的高潜人才，以填补关键领导岗位或专业岗位的一系列业务流程。继任管理体系对员工具有重要意义，能够为员工提供富有挑战的、以成长为导向的、令人向往的职业发展机会。有效的继任管理体系有助于企业形成高度完善的人才供给线。

当然，人才供给线延长到人才管理全周期，对企业的要求很高，目前只有大型企业有这个实力。全周期的人才管理是人才管理的发展趋势，中小企业虽然暂时没有能力做到，但要树立全周期人才管理的意识，有计划、有步骤地慢慢向全周期的人才管理靠拢，从而提升企业的人才管理水平。

(四) 建立招聘团队

优秀的招聘团队是吸引人才的核心基础工作，同时也能提升招聘效率，提高企业品牌价值。那么如何打造一支优秀的招聘团队呢？企业可以从以下几个方面入手。

1. 招聘团队的组成科学合理

招聘中，招聘团队的能力非常重要。人才能否及时到位，人才能否满足企业的用人需求，企业能否按照规划如期发展等，都与招聘有很大关系。但是企业的招聘并不仅仅是招聘官或者人力资源部门的事情，应该有企业高层、用人部门、人力资源部门的参与。招聘团队一般由招聘人员、用人经理、企业高管组成。因为招聘人员的专业招聘技术，加上用人经理对人才的判断，再加上高管层面的战略视角及资源，才能更好实现企业的人才供给，才能更加客观高效地为企业输入匹配度高的人才。

2. 招聘团队的岗位职责要明确

招聘团队作为一个组织，一定要有明确的组织架构，各岗位的职责也要明确。招聘专员、招聘主管、招聘经理和招聘总监要各司其职，不能越位。招聘总监或招聘经理对整个招聘部门的业绩负责，招聘主管和招聘专员对各自负责的招聘任务负责。如果招聘人数较多，也可以按照岗位群进行分类，比如某个人专门负责销售人员的招聘，某个人专门负责财务人员的招聘，某个人专门负责人事行政和法务的招聘，某个人专门负责技术人员的招聘等，这样有利于培养专业化的招聘人员，提高招聘效率。需要说明的是，招聘专员是企业第一个跟候选人联系的人，是企业的门面。招聘专员一般要满足以下几点要求：第一，有亲和力；第二，具备良好的信息分析能力、洞察能力等；第三，认同企业文化。

3. 招聘团队内部要有考核机制

考核是团队管理中一项非常重要的工作，对招聘团队来说，也是如此。通过考核，企业的招聘目标分解到每个招聘人员，从而实现企业阶段性的招聘目标；通过考核，招聘人员能够发现自己的短板，从而改进短板；通过考核，企业可以评估每个招聘人员创造的价值，从而作为论功行赏和岗位提升的依据。企业对招聘人员的考核，不仅要从结果上进行考核，也要从过程管控上进行考核，尤其要杜绝招聘人员的短视行为、损害企业利益的行为以及违法行为。

第二节 留住人才的策略

当候选人在招聘环节拿到录用通知，与企业签订劳动合同之后，企业需要用任期制设计一种渐进式承诺，实现企业与员工的双赢。

一、任期制的历史使命

“任期”一词来源于军事中的“服役期”。士兵们在军旅生涯中通常会服役多个阶段，就像员工在某家企业或整个职业生涯中会承担许多不同项目或任务一样。

企业中的“任期制”有三个特点：一是有明确的时间规定。企业根据岗位需求并结合员工的具体情况对任期时间有不同的规定，一般任期是2～5年。任期制将员工的就职时间划分为不同的时间段，通过不同的任期，企业分步做出承诺。二是企业与员工双方对任期计划有明确的要求与期望。就像里德·霍夫曼最初创建领英时，他向有才华的员工提供了一份明确的协议，如果员工签字同意接受一段2～4年的任期，对某些业务做出重要贡献，里德和领英就将帮助他们发展事业，帮助他们提高技能，给他们提供资源建立新的关系等，并为员工提供下一任期的优先选择权。三是能够建立诚实平等的关系。诚实平等是任期制的基础。不管企业是否愿意承认，员工随时都可能产生离职的想法；不管员工是否接受，企业在不同的发展阶段对人才的需求与定义都会发生变化。只有当企业和员工开诚布公地谈论需求，才有可能找到企业与员工的共同利益点，才有可能达成双赢。作为企业，除了给员工提供可观的薪酬之外，还能为员工提供可以施展个人抱负的平台与机会，帮助员工打造个人品牌和建立工作圈子等。同时，企业会向员工提出自己的诉求，要求员工在一定的任期内帮助企业解决某些技术问题或者管理问题，或者完成某个市场任务。

二、任期制的渐进策略

根据员工、企业、部门、行业和职位的不同，员工的任期分为三个阶段，如表7-2所示。

表7-2 任期制主要内容

阶段	设计	协议	持续时间	过渡
轮转期	新入职员工按程序加入	评估与企业潜在的未来契合度；受雇情况能够预测	一般为2～6个月不等；特殊岗位的持续时间可能会延长	员工可以开始另一段轮转期或者过渡到转变期；员工在此时离开企业时几乎没有道德负担

(续表)

阶段	设计	协议	持续时间	过渡
转变期	单独协商	员工职业生涯的转变；企业的转变	由具体任务决定；通常为2～5年	在完成任务前，与员工协商是在企业开始一段新任期还是离开
基础期	单独协商	企业可以获得与其核心价值观相契合的骨干员工；员工可以从工作中实现深层目标与意义	无期限	双方都预期这段关系将永久存在，并尽力维持这段关系

(一) 轮转期

转换期是所有新入职员工都会面对的普遍性的任期，即我们平时说的“试用期”。一般根据岗位性质的不同，试用期为2～6个月不等。轮转期分两种情况。

一种轮转期是以有期限的培训为主，主要针对入职新人。这种培训通常是明确的“入门培训”，帮助新员工从校园过渡到职场，或者从之前的工作环境过渡到新的工作环境。例如华为员工在入职前都会进行三个月的封闭培训，主要是进行文化价值观的培训和岗前培训。阿里巴巴的“百阿”培训，也是为了帮助新人尽快熟悉公司的业务和环境，并了解阿里巴巴的企业使命。该种轮转期培训的主要目的是让企业与员工双方评估双方的契合性。如果双方表现得很契合，下一步就是确定更个性化的后续任期计划，即我们通常所说的正式员工。如果任何一方表现得不契合，员工就可能离开公司，如果员工在这个阶段离开公司通常不会有损于双方的名誉和关系。

另一种轮转期是针对高度标准化和程序化工作岗位的轮转，主要适用于大部分蓝领工作，比如司机、流水线上的工种等。该阶段的主要目的是最大限度地发挥员工与当前职位的契合度，而不是培训员工适应不同的职位。

(二) 转变期

当员工经过了轮转期，就进入了更加个性化的转变期。转变期的重点不在于一个固定的时间周期，而是注重完成某个特定任务，这个任务是企业和员工一对一式的坦诚协商得出的结果。

转变期初，员工虽然经过了轮转期，对企业有了一定的了解，但是彼此并未熟知，即便彼此无法敲定任期计划细节，也应该确定彼此之间的最低承诺，制订出任期计划。任期计划应该有明确、详细、具体的任务目标。

转变期并没有固定的时间长短，主要根据员工的个人需求。重视不同经验的员工可能需要短期多变的任期，而重视稳定的员工可能偏好长期持续的任期。但是按照一般的经验法则来说，初始转变期将持续2～5年，这个周期足以让员工获得某些实质性成果。正如

Intuit 的首席执行官布拉德·史密斯所言："任期第一年是获得该职位的重要背景知识；第二年是在转变过程中烙下鲜明印记，第三年至第五年是取得成功并再接再厉——或者当情况发展不符合你的预期时及时转变方向。"谷歌董事长埃里克·施密特(Eric Schmidt)告诉我们，他也喜欢将任期定为5年——两年进行学习，两年完成工作，一年安排过渡。

当初始转变期结束，员工会面临两种情况：一种是双方都满意，继续第二个转变期或者进入基础期；一种是任意一方不满意，员工离职。双方都满意的结果就是员工续职。但是续职又分为4种情况：第一种是升职加薪，进入下一个转换期；第二种是轮转到另一个岗位；第三种是原岗位不变，进入下一个转换期；第四种是直接进入基础期。员工转换期结束路径如图7-2所示。

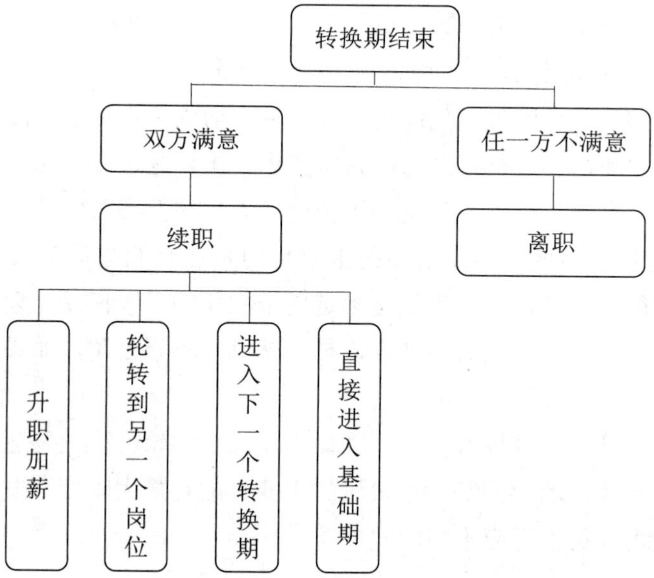

图7-2　员工转换期结束路径

(三) 基础期

企业与员工在价值观、目标上达到高度一致是双方进入基础期的标志。如果当员工认为自己目前的工作是他最后一份工作，而且企业也希望这名员工一直干到退休，那么他就处于这份工作的基础期。此时，企业已经成为员工职业甚至生活的基础，而员工也成为企业根基的一部分。

在理想情况下，一个公司创始人和高层管理者应该处于基础期。因为只有价值观和目标高度一致的高管团队，才能带领企业在商战中乘风破浪。当然，不是说只有高层管理者才能处于基础期，不管在组织架构哪个位置的员工，都有可能处于基础期。处于基础期的员工将有助于企业的延续和传承，是企业的中坚力量。基础期的员工更关注产品质量并为生产出高质量产品而自豪，他们不会允许企业为了实现短期财务目标而偷工减料。从某种程度上来说，基础期员工与企业的关系有点像婚姻关系——双方都预期将永久存在于这段关系中，都将付出努力经营婚姻并尽到相应的责任和义务。在这种关系持续过程中，双方要定期进行坦诚对话，以确保双方都能满意。

对于员工和企业来说，轮转期、转变期和基础期这三个任期没有好坏之分，不同的任期有不同的功能，不同的功能针对不同的群体。轮转期更适用于喜欢简单的标准化工作的员工，相对来说，这类人才更容易招聘。转变期的员工具有更强的适应力，我们可以将转变期的员工理解为具有企业所需的专门技能和经验的员工。对于企业来说，面对行业激烈的竞争，技术的迅速变革，人才争夺的白热化，具有很强适应力、具有专门技能和经验的员工对企业的成功至关重要，所以企业需要更多的处于转变期的员工，这部分员工是企业的中坚力量。一般来说，企业只有少部分员工可以担任基础期职位。大多数企业针对不同的员工采用不同的任期。

三、任期制的协调沟通

任期制之所以能够行得通，就是因为它体现了企业想与员工建立长期关系的诚意，展现出以人为本的特性。任期制让员工可以承担一系列对个人有意义的不同任务，从而帮助他们实现长期职业发展。往往上一个任期的终点是该员工下一个任期的起点。

在上一任期即将结束的时候，企业和员工都有关于下一个工作计划的“优先对话权”。因为即将结束的任期已经让企业与员工彼此之间有了信任基础，提前沟通对于彼此都是一个很好的机会。那么，对于企业来说，如何用好这个“优先对话权”呢？

“优先对话权”重点在于“对话”，在于“开诚布公地对话”。在任期制开始到执行过程中，企业必须要与员工“开诚布公地对话”。这种对话主要从以下几个方面进行。

(一) 明确整体对话目标

其实，企业与员工的“对话”从招聘环节就已经开始进行了，只是之前的对话因为彼此不太了解，更多集中于考察与求证阶段。员工一旦入职，经历过轮转期，在进行转变期沟通的时候，对话的形式与内容就有了更多的要求和限制。对话形式由公开会议转入单独的协商，内容更多集中于在“任期的整体目标”和“双方的预期收获”两个方面。

1. 任期的整体目标

“任期的整体目标”主要包括两个内容。一是制定任期内明确的、详细的、具体的任务目标。比如某个具体的项目或者某个组织计划。这样做的目的是选择一个既有助于企业发展又有助于员工成长的目标任务。二是确定任期的持续时间。任期时间的确定一方面要考虑到员工的期望，另一方面要客观地评估任务达成可能需要的时间。

2. 双方的预期收获

一般来说，任期的成功就是在规定的时间内顺利达成任期目标。一段成功的任期对于企业和员工都有助推作用。对于企业来说，这个预期目标就是实现定量或定性的目标业绩。例如开发一种新产品并在第一年产生一定收入。对于员工来说，这个预期目标可能包括培养新知识和新技能，获得员工发展事业所需的部门经验、技术经验或管理经验，但通常不包括“升职加薪”。

(二) 定期检查以交流反馈

任期制有自己的特点与侧重。在任期制沟通中，企业的定期检查不是以传统日历为参照，而是以任务目标来确定的。企业应该建立一个定期检查体系，以评估任期制是否适合双方。这些检查可以是定期(例如每季)进行的，也可以与整体任期项目计划中的具体目标挂钩。比如，当员工在任期制目标中提出希望通过这个项目提升自己的演讲技能，那么企业就应该为员工提供提升演讲技能的途径与资源，并为他制造这样的机会。但不管采用哪种方式，目标都是为共同评估双方朝着理想结果的进展提供一个明确的讨论平台，让双方得以在这个过程中进行必要的纠错。无论对话怎样开展，其方式都是双向的：企业谈论的是员工的贡献，而员工谈论的是企业能否帮助自己实现职业目标。

(三) 提前沟通下一任期

在上一个任期结束之前，企业应该预留出时间与员工讨论下一步计划。因为提前讨论下一步计划可以消除某些不确定性，并为员工树立未来的目标。提前讨论下一步计划一般有以下两种结果。

1. 员工和企业都认为员工可以留任

这种结果对于员工或企业来说都是满意的，双方都可以充分利用过去的投资开展下一任期。员工可以省去适应新企业的时间；企业可以利用之前的资源和市场，不用重新培养新人。而这种不断巩固的关系将有利于双方建立更加长远的关系。当员工开始下一任期之前，要协助企业做好招聘和培训继任者。如果双方都认为应该持续这种关系，但是不确定下一个任期的具体目标，可以适当延长任期，并且规定时间，以审视各种可能，做出有利决策。

2. 双方都认为员工应该去另一家企业任职

失去一名熟悉的、优秀的员工是企业的损失，但是有时不得不接受这样残忍的结果。

值得庆幸的是，在任期结束之前企业对员工的离开有所准备。作为员工的盟友，企业需要做的就是帮助员工做出正确的选择，即使这些选择包括去其他企业工作。企业应该与员工一起制订过渡期计划，起草一份交接清单，物色其职位接替者。如果员工完成了交接清单上的所有事项，则视为员工顺利完成了上一任期计划，企业要为员工的下一任期提供支持。

(四) 中途变故意外处理

任期计划的目标是在诚实交流、彼此信任的基础上企业与员工自愿建立长期关系，而不是将员工禁锢在他们不喜欢的职位上或者让低效员工拖累企业。所以，员工或企业希望在完成目标前结束任期，双方就需要协商解决。如果员工在其他企业获得了一份非常好的工作，那么他有权选择接受这份工作，但应确保原有工作顺利交接，甚至在必要时推迟离职，协助交接工作。同样，如果企业需要调整组织结构或者结束某个项目，那么企业有责任确保负责这个项目的员工能够继续实现之前商定的职业目标和个人成长目标。

虽然企业和员工希望建立长期的关系，但当出现变化时，只要双方按照之前的约定做好后续工作，顺利过渡，就是可以接受的。

第三节 离职员工分析

一、处理好与离职员工的关系

我们按照离职发生的时间将其分为三个阶段：离职前、离职时和离职后。离职前主要是指员工产生离职想法到企业同意其离职这段时间；离职时是指正式工作交接的时间段；离职后是指员工从企业正式离开以后。

(一) 员工离职前，企业做好面谈准备

离职面谈不仅能够规避法律风险，还能坦诚地与员工沟通，体现出企业对员工的尊重与人文关怀。离职面谈能为企业后期的发展与管理改进提供很多有价值的信息，企业需要对此做好充分准备。

1. 确定主持面谈的人员

主持面谈的人员要与离职人员有关。如果离职人员是普通员工，一般由HR对离职员工进行面谈；如果是企业想要挽留的优秀人才，可先由其关系好的HR或者管理者侧面了

解情况，然后由其直接上司挽留，最后由企业高层进行面谈。

2. 确定面谈时间和地点

面谈的最好时机是离职员工递交离职申请后的一周内。如果时间拖得太久，会让离职员工产生不被重视的感觉。面谈地点要选择安静的场所，让离职员工感到舒适，使其畅所欲言。

3. 把握面谈基调

面谈时，主持面谈的人员应多聆听，适时地保持沉默，让离职员工有时间思考；对有些事情做必要解释，但不是说教或训诫；主持面谈的人要引导离职员工自然地发表对企业现行管理的看法，使其对工作中感到不满意或希望改进的地方发表评论。

4. 明确面谈主题，开展离职面谈

离职面谈主要围绕员工的利益展开，充分体现企业对员工的尊重与人文关怀。离职面谈对不同的员工有不同的侧重点，对于想要挽留的员工，企业要在第一时间了解其离职的原因，询问其是否已经找到新的工作，以及新企业最吸引他的地方是什么，同时试探其留下来的可能性和期望条件。如果员工离职的主要原因是对待遇或工作发展机会不满意，挽留其留下来的可能就较大；如果是对企业文化、企业制度、工作环境等不满意，挽留其留下来的可能就较小。对于企业不想挽留的员工，离职面谈主要可以了解其对企业满意和不满意的地方，以及询问其离职后的打算，是否需要企业帮助，让其感受到关怀与温暖。对于不胜任工作岗位的员工，离职面谈的重点在于防止员工产生过激行为，因此在谈话前企业面谈人员要做好充分准备，做好信息收集，考虑该员工的个性、过往表现、与同事及领导的关系、家庭情况等因素，按照劳动法的辞退规定给员工相应补偿。同时，当个别员工产生无理要求或过激行为时，企业面谈人员要耐心细致地劝导，并做好应对措施。

(二) 员工离职时，做好交接工作

离职面谈完毕后，员工的去留基本已经确定，接下来就要做好离职员工的工作交接。工作交接主要从以下两个方面进行。

1. 确定离职交接清单

从员工确定离职开始，企业就要开始着手安排员工的工作交接。工作交接一方面是员工对企业的责任，另一方面是员工对自己工作的总结。离职员工需要撰写岗位工作指引，梳理岗位工作流程，整理工作资料(包括项目资料、客户资料)，整理工作交接清单，协助企业做好人员招聘与衔接工作。当然，在这个阶段，企业可以让离职员工提出个人对岗位、部门或者企业的建议。因为，已经准备离职的员工没有顾虑，更愿意畅所欲言。

2. 搭建技能传递的流程与机制

这一条是针对企业来说的，企业要针对员工离职的这个岗位与离职员工一起讨论需要

完善的环节，推动关键知识的沉淀；与员工一起讨论交接计划，明确对员工的交接期望。当双方对于交接计划与清单没有疑问的时候，离职员工就开始辅导接替者进行工作交接，之后企业应该履行对员工的离职承诺，包括物质补偿与推荐信。在员工离开企业之前，评估交接结果，如果企业认为评估结果符合要求，那么员工顺利离职；如果认为评估结果还有所欠缺，那么离职员工应该配合企业完善相关工作。

(三) 员工离职后，企业做好维护工作

员工离职后，企业要做好关系维护工作，以有利于后期对离职员工的价值开发。如果企业在员工离职前和离职时做到对他们的充分尊重，那么离职后的维护工作将会顺利开展。离职后的维护工作以企业为主导，企业的作用主要是信息维护与平台搭建。

1. 做好“离职员工信息库”的记录与维护

其实，信息记录在离职面谈时已经做过信息采集，包括员工的基本信息、通信方式、职业规划、新入职企业信息等。但员工离职后企业要进行调研回访。这样做，一方面因为员工在未正式离职之前可能会有所顾虑，并不会完全填写真实信息；另一方面因为员工的生活与工作都是动态变化的，如果很长一段时间不联系，可能就会中断往来。所以，对于离职员工信息，企业要进行周期性维护。

2. 搭建信息平台，促进双方互动

现在，很多企业都已经意识到离职员工的价值，开始建立离职员工联络群，比如百度的“百老汇”、京东的“东京不热”、腾讯的“南极”等。如果说建立“离职员工信息库”是针对所有离职员工的信息录入，组建“离职员工联络群”就是对离职员工进行筛选，不是所有的离职员工都有必要加入这个群体，比如与企业有法律诉讼的离职员工、被公司解雇的员工、试用期内离职的员工等都不应该被纳入联络群。这是因为，如果联络群加入门槛太低，可能会使情况变得复杂。另外，企业要对联络群进行管理，制定退出和淘汰机制，当离职员工可能会为竞争对手工作，或者可能会挖走企业人才，或者可能做出对企业不利的事情时，及时将行为不当者剔除联络群。

3. 促进线上线下沟通，做好关系维护

虽然联络群里的成员是因为对企业文化的怀念而聚集在一起的，但是如果企业对联络群不加以运营与维护，这个联络群很快就会被成员遗忘。所以企业需要定期组织一些活动，增进彼此的联系。比如定期与离职员工打电话、发送生日或节日祝福短信等；比如邀请离职员工参加企业活动或公益活动(例如周年庆典、志愿者活动、运动会、交流论坛等)；比如经常推送公司的动态、职位信息、活动邀请、人才举荐以及公司的回流制度信息等。通过线上线下的手段，促进离职员工了解企业，保持与企业的联系，进而形成良性互动。

二、客观认识离职员工的价值

对于企业来说，在职员工和离职员工都是企业非常重要的资源。一般来说，企业很容易看到在职员工的价值，但经常忽略离职员工的价值。离职员工的价值如图7-3所示。

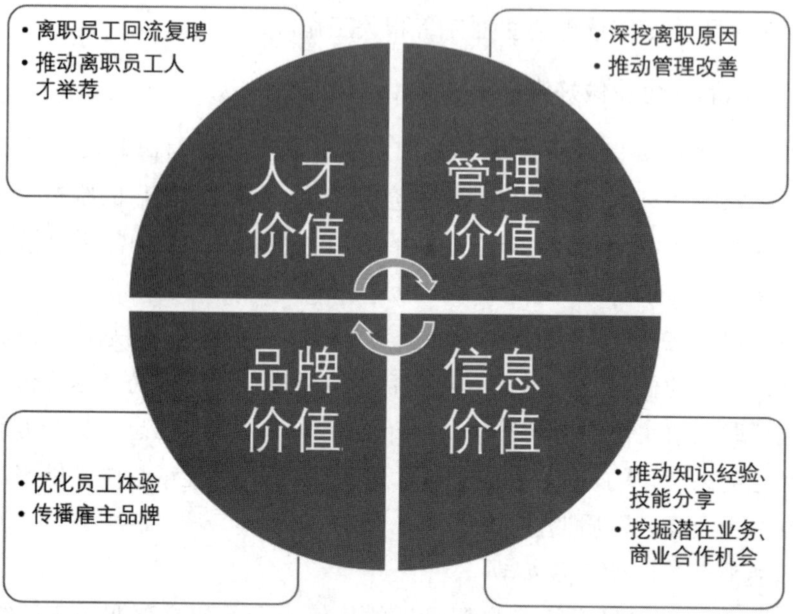

图7-3　离职员工价值

(一) 离职员工能为企业带来人才价值

如果企业在员工离职后能与之保持联系并能维持友好关系，这些员工可能在合适的时机回归企业，继续另一段任期，成为企业的“回头客员工”。“回头客员工”对企业来说具有独一无二的价值，因为他们可以将外部人视角与内部人掌握的企业流程和文化结合起来。另外，离职员工可以向企业推荐优秀的人才。离职员工推荐人才，不仅可以节省高额的招聘支出，还提前帮助企业做了初步的背景调查和文化契合度的判断，提高入职率。

(二) 离职员工能为企业带来管理价值

员工离职对于公司来说是组织改进的一个机会。员工离职的原因很多，有个人方面的，也有组织方面的。对于企业来说，更重要的是从组织的层面寻找造成员工离职的原因，然后有针对性地采取解决措施，预防核心员工流失。在一个良好的离职管理中，离职员工会详细说明离职真实原因，对企业管理诸多方面提出客观而中肯的建议，这样企业能够进行管理方面的复盘，从而提升企业内部管理水平。

(三) 离职员工能为企业带来信息价值

离职员工一般会继续从事之前的行业，企业如果管理好与离职员工的关系，就可以实现双方的信息共享。如企业可以向离职人员咨询行业内的动态信息，离职人员也可以在第一时间向企业传递宝贵的行业发展趋势和市场信息等。另外，离职人员在新的工作环境中，如果有需要与原公司相关业务发生合作往来，大多数人会优先选择原企业。因为离职员工对原企业知根知底，彼此互相信任，可以节省大量的关系成本，有助于双方建立和加强业务联系，是企业当前的和潜在的“合作者”。

(四) 离职员工能为企业带来品牌价值

企业如果重视离职员工，保持与离职员工的良好关系，就能够传递出企业重视人才、尊重人才的理念，树立企业以人为本的形象，有利于企业增强雇主品牌，增强对人才的吸引力。另外，员工也会对原企业心怀感恩，对原企业做正面积极的评价，这会使企业形象在无形中得到提升，增强企业声誉，以及提高企业品牌影响力。

企业当然希望人员稳定，因为只有这样，才能为企业发展提供人力支持。但是，当员工提出离职，企业也没有必要乱了阵脚，只要将企业的离职率控制在一定范围内，处理好与离职员工的关系，意识到离职员工的价值，反而对企业的发展更好。

综上，不管是最初的人才招聘，还是入职后的任期制，还是离职后的联络网，都旨在打造与员工的联盟，背后都是企业“以人为本”的思想体现。无数的商业实践与成功案例告诉我们，只有将企业的管理机制与流程建立在对于员工的尊重与信任基础上，企业才能吸引人才，留住人才，让人才为我所用。